社員5人からの

組織改革

中間 優・国場 みの
Nakama Masaru　　Kokuba Mino

JN100767

M care メディア・ケアプラス

プロローグ

行き先の分からない船に乗せられたら、
あなたはどのような気持ちになりますか?

その船に乗っている船員はどんな問題を起こすでしょうか?
そして船長に対しどのような行動を起こすでしょう?

船員は自分が生きて帰れるのか、この船に乗ったことが正しいことだったのか不安になります。
不安からネガティブな発言が多くなるでしょう。
また、船長や他の船員を信じることもできなくなります。

信頼がなくなれば、船員同士の意見が食い違って喧嘩になったり、
船長に向かって苦言を呈するといったことが容易に想像できるかと思います。
船長は船長で、能力のない船員だと言ったり、
指示命令をしても船員が思うように動かずイライラするのではないでしょうか。

これらを、単にリーダーシップの方法論や、
コミュニケーションの問題として解決して良いものでしょうか?

そもそも、この船を出港させる前に
問題があったのではないでしょうか?

もし社員を5人まで増やしたとき、もう一度港に戻って下さい。
そして、どんな荒波でも耐えられる強固な組織を作り、
再度新たな海へと挑戦して下さい。

社員5人になったときに行うべきは
「組織改革」です。

はじめに

会社を経営していると、人の問題に悩むことが増えてきます。経営者の指示や想いが社員に伝わらなかったり、人間関係がぎくしゃくしたり、コミュニケーションの問題でうまく仕事がすすまないといったこともあります。この問題が大きくなると、退職者が増える、採用が予定通りにいかない、売上が伸びないのに給与を増やしてほしいといった要望がでてくるいったようなことが表面化してきます。更に悪くなると、鬱にかかる社員や労基にかけこむ社員がでてきて、労働問題にまで発展することもあります。

これらは、人の問題のようにみえて、実は「組織」の問題です。ここでいう「人」とは、その人の性格であったり特性のことを意味します。組織とは、人を動かすための仕組みづくりのことです。表面的な問題をその人の正確や特性のせいにして問題解決しようとしがちですがうまくいきません。「コミュニケーション活性化」といった研修をいれても、その時はよくてもすぐ元に戻ってしまいます。人に相談すると「それは、社員の問題ではなく、リーダーの問題である」と言われて、経営者自身が「自分が変わらなければならない」と高額な研修に通うかもしれません。それでも、ほとんどの場合改善しないでしょう。

こういった問題のある状況であれば、いつまでも経営者が現場にいなければならない状況から脱却することはできません。逆に、組織という仕組みを経営者が理解して、会社に組織を取り入れると様々な人の問題が根本的に解決できるのです。社員のせいにすることもありません。経営者自身のリーダーシップに悩むこともありません。

するべきことをきちんとする。経営者がすることは7つの仕組みを作ることです。この本を読みながら、社員が自発的に動く組織を構築することを目的として、経営者がするべきことを一緒に理解、実践していきましょう。

株式会社組織改革
代表取締役　中間 優
http://soshiki-kaikaku.com

共同執筆者より

中間さんから、この本の執筆の依頼が来た時、正直なことを申し上げると迷いました。とても嬉しい反面、ハードルが高いことがすぐに理解できたからです。概要だけを短い文章でまとめるのなら、いままでも様々な分野を手がけているので、仕事の難易度をおおよそ把握できます。ですがこの本は、実際に事業計画書を書くために解説する必要があるため、どこまで私が理解しなければならないのか、見当がつかなかったのです。とにかく、中間さんに教えていただくしか方法はありません。

そこで、中間さんに講義をしていただくことにしました。合計、30時間。その時間の中で、たくさんの質問をしました。本当にたくさん。また、私自身のその時々に直面しているチームの課題などと照らし合わせ、教わったことを実践しながら、腑に落としていくこともしました。自社の企業理念、理念にいたる経験などの掘り起こしもしました。

前半の「組織」や「理念」のところでは、「理解できた！」と思っても、次に講義を聴くと「???」となったり、「ここと、ここが繋がってるのね！」と新たに発見できたり、別の意味も含まれていたことを知ったり……。と行きつ戻りつを繰り返していました。それも何度か繰り返すと、やっと、「あー、こういうことか！」と様々なことが一つの糸のようにつながっていく感覚を得ることができました。

その時の感動は、言葉には言い尽くせないのですが、「組織と個人との関係」に関する私の疑問が一気に晴れ、頭の中のもやが、すーっと消えていくようでした。そこまで私の理解が深まるまで、中間さんはじっくり付き合ってくださり、待っていてくれました。聴く側より、伝える側の方が何倍もエネルギーを使ったことでしょう。それを想像すると、感謝しかありません。

この本は、私が書いたと言うより、多くの部分を中間さんが書き上げました。私はどちらかと言うと、中間さんの頭の整理のお手伝いをさせていただいたにすぎないのかもしれません。そして、この書籍の内容は、私という「組織構築初心者」に対する中間レクチャーそのものです（実際の現場は、もっとあっちこっちに話が飛びましたが笑）。少しでもわかりやすい本になっていれば幸いです。そして、この本を手がかりに、ご自身の会社をさらに心地よい会社にしていただけるとしたら、嬉しい限りです。

コトノハ合同会社　代表　国場みの

社員**5**人からの

組織改革

CONTENTS
目次

1 組織とは

2 理念

3 計画

4 役割

5 採用・教育

6 評価

7 管理

8 全体ミーティング

9 組織を運用する

登場人物の紹介

中間 優

組織コンサルタントとして企業の組織づくりのコンサルティングを行っている。本書では組織を教える講師として登場します。

みの（国場みの）

ライターとして本の執筆や、コピーライティングをしている。本書では組織を学ぶ受講者として登場します。

パソコンで入力しながら本書をご活用下さい

本書では、様々な組織づくりのテンプレートを紹介しています。ワードやエクセルで作成すると様式に気をとらて中身を集中して考えられません。事業計画の中身にしっかりと集中できるよう、パソコンやスマートフォンを使って直接テンプレートに入力することができるクラウドをご用意しています。また、クラウドで入力した情報は自動的に整形されて PDF ファイルとしてダウンロードできます。このまま印刷業者に入稿できますので、非常に便利なシステムです。ぜひ、本書を読んで理解するだけでなく、実践を行って下さい。

ダウンロードして入力

印刷業者に
そのまま入稿！

右記の QR コードから
クラウドの申込みが
行なえます

1 組織とは

1-1　組織とは？　環境ってなに？

中間先生、今日は組織について教えてください。ビジネスをしていると、様々な場面でチームを組んでミッションを成し遂げるということに直面します。

誰かがリーダーの場合もあれば、私がリーダーになることもあります。自分がリーダーの場合、実のところどうあればいいのか、どのように人を動かしていけばいいのか、明確な答えが見つからず「これでいいのかな?」と思うことが多々あります。チーム内で役割分担をする際にも、行き当たりばったり的なことも起きたりして、毎回、やりにくさを感じます。「どうすればいいんだろう?」と悩みます……。

会社だけでなく目的を持って人が集まれば、それはれっきとした組織です。だから、「それぞれが自発的になって、同じ目的に向かって動いてくれる組織」を理解していると、みのさんがリーダーになったときに、チームを動かしやすいですし、チームメンバーも動きやすくなりますよ。

そんな組織があるんですか?
中間先生、ぜひ教えてください。

私が取り入れてるのは「Democratic」という組織です。
1939年に心理学者のクルト・レヴィンという学者が研究発表して実証・提唱したリーダーシップモデルを元にしたものです。私はこの理論に基づき、Democraticのリーダーシップが成り立ち、円滑に人が動くための組織の作り方を考案しました。多くの企業さんをコンサルティングして導入していただいています。

組織を考える上で、
クルト・レヴィンが提唱した最も重要な公式があります。

$$B=f(P,E)$$

B は Behavior で人の行動、
P は人間の性質を表す Person、
E は環境という単語の Environment、
f は関数を意味します。

この公式が示すことで大事なのは、人の行動はその人の性格や性質だけでなく、環境にも左右されるということです。もっと言えば、人を変えようとしなくても、環境を変えることで人の行動を変えることができるということです。つまり、人の行動とはその人が持っている性格や価値観によってのみ決定されると思われがちですが、「人を変えようとしなくても環境を変えれば、その人の行動が変わる」ということをこの公式は表しています。

うーん、ということは、ちょっと問題だなぁと思うような人でも、いい環境に属していれば行動がよい方向に変わっていくし、反対に、素晴らしい資質を持っている人でも、よろしくない環境に属していると、その人の行動もよくない方向に行ってしまうってことですか?

その通りです。組織とは環境（仕組み）と捉えて、環境の整備をすると、そこで活動する人たちはとても活動しやすくなりますし、その組織内の人たちが円滑に動いてくれるようになります。組織論として最も有名な論文の中に出てくる研究をご紹介します。

小学生を対象に行ったクルト・レヴィンの組織論研究

1939 年にクルト・レヴィンが発表した論文には、小学生を対象にした 3 つの組織形態の実験結果を発表しています。小学生たちにはチームでひとつの課題に取り組むよう指示しました。その際に、「Democratic（民主型）」の他に、「Authoritarian（専制・独裁型）と「Laissez-faire（放任・自由型）」の組織運用をそれぞれ試みました。小学生たちの行動と課題に対する成果は次の通りです。

◆Authoritarian（専制・独裁型）：
リーダーがすべて指示・命令する形の Authoritarian の場合、小学生たちはすぐに無表情になり、不満を持ち始め、攻撃的、無関心、冷淡、非協力的な態度を示しました。課題については、作業量はあっても質が可もなく不可もないといったところでした。

◆Laissez-faire（放任・自由型）：
リーダーが小学生のとるべき行動や目標に一切関与せず、ひとりひとりに自己目標管理をさせるLaissez-faireを行ったところ、大きな不満はありませんでしたが、怠ける小学生が多発し、作業量・質ともに一番低い結果となりました。

◆Democratic（民主型）：
リーダーが全員と話し合い、合意を取りながら目標を決める Democratic では、小学生たちはお互いに協力しあい、楽しく課題に取り組み、質と量ともに大きな成果をあげました。

この研究にあるように、人が納得しながら活動できる組織の形態が「Democratic」といえるのでしょうね。

人ではなく環境に着目して組織を設計する

環境によって人が影響されるのはおおよそわかります。よく行くパン屋さんの社員がみんないつも笑顔なんです。そこに新しいアルバイトが入って。最初は声も小さくて表情も暗かったんですが、しばらくして行くと、笑顔でイキイキ接客していました。逆に、やる気があって愛想のよいアルバイトさんが近くのコンビニに入ったんですが、そこの雰囲気が最初から暗めで……。また、しばらくして行ったら、元気だった新人アルバイトも無表情になってて、少し残念でした。でも少し疑問が残ります。環境の整備だけでいいんですか?

例えば、組織内で何か問題が発生したとき、ある人の行動を変えようと、その人に直接アプローチしたら反発が来た経験はありませんか? 例えば、「もっと成果を出すためにこんなことをやってみたら?」とか「もっと信念を持って仕事に取り組め」と言ったときの反発です。反対に、みのさんの考えや行動を是正しようとして命令されたり、みのさんの話を聞かずに質問にも答えずに威圧的な態度をされたりしたときに反発してしまった経験はありませんか?

それはどちらもあります。伝える側になったときは、どう言ったらいいかとっても悩みましたし、自分も感情的にならないようにするのも苦労しました。それに、その他の人との調整にも気を使って、あっちに連絡、こっちに連絡とか……。逆に、上からガンと言われたときは、結果として従ったとしても、ものすごい反発心が起きました。

そうですよね。それは、直接、人にアプローチするからなんですね。問題が起きたときに、人に直接アプローチすると、「あの人の言い方がひどい」とか「この人が悪い」など個人に目が向いて、反発があります。人は自分が悪いと思って行動することはないからです。自分が正しいと思って行動しているのにそれを否定されると反発があるのは当然なんです。実は正論であればある程、反発があるものなんです。

また、なにか問題が発生した時、人に焦点を当てると、「その人のパーソナルな部分」にも問題がある指摘されたと感じてしまいます。そうすると、人間関係がこじれて、お互いストレスですよね。何か問題が生じた時は、その人に焦点をあてず、どのような環境であったのかも聞かないと、本当の原因は見えてこないんです。この事からいえることは、環境を先に整えることで、知らず知らずに人の行動も変わるので、人とぶつかるトラブルも少なくなります。

なるほどそうなのですね。それでは、中間先生のいう環境、つまり組織とはどのようなものなのですか？

クルト・レヴィンの公式だけでは、具体的に企業にどんな仕組みが必要なのかが分かりません。Democratic の組織を作るために7つの仕組みとその連携について独自に考案しました。

その仕組みとは、①理念、②計画、③役割、④採用・教育、⑤評価、⑥管理、⑦全体ミーティングの 7 つの枠組です。この 7 つの要素を最初にしっかりと考え、作ることで、組織運営に必要な環境が整います。

①理念
これは「なぜこの仕事をするのか？」という組織の基礎となる部分です。②計画、③採用・教育、④評価、⑥管理、⑦全体ミーティングというすべての仕組みは、理念に基づいて設計されている必要があります。これを明確にすることで、誰を船に乗せるべきかという基準を示すことができます。理念に共感出来ない人を入社させてはなりません。同じ方向性を持つ人で組織を構成しなければ問題が生じてしまいます。

②計画
理念を実現するための将来のビジョンを明確に設定し、そこにたどり着くための道筋を逆算して明確にするためのものです。

③役割
組織を円滑に運用するための役割分担です。この役割は、個人のモチベーション高めることにもつながります。

④採用・教育
理念に共感する人を採用し、その人たちが理念を実現（ビジョンを達成）してもらえるような教育を実施するための仕組みです。また、会社や社長へのロイヤリティーにも繋がります。

⑤評価
組織で働く人たちの行動が理念に沿っているか、ビジョンに向かっているかを多角的に評価する仕組みです。

⑥管理
経営者からすると、現場の情報を収集し、経営判断の基になる部分です。社員からすると、全体の状況を共有・確認し、自分を含めた社員の承認・称賛をする場です。管理とは、決して、経営者や上司が部下に指示・命令することではなく、現場からの報告を受けることがベースになっています。

⑦全体ミーティング
管理の一つの要素であり、管理の仕組みのひとつです。定期的（月 1 回）に行うことで、組織のエンジンとなり、社員の活動が活発になる仕組みです。全体ミーティングを行う前に部署ミーティングを開いて、報告書を用意しておく必要があります。

下記の図がこの7つの仕組みを図式化したものです。

組織構成図

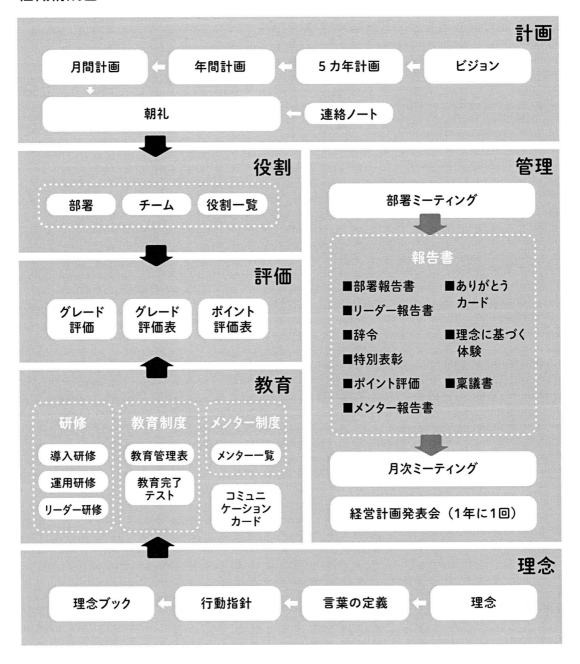

1-3 社長が逆三角形のイメージを持って 組織改革に取り組む

しっかりした組織というと、素晴らしい！と思う反面、全部管理されているようで、なんか窮屈なんじゃないかと少し思ったりしますが。

みのさんが想像するのは、「押しつけられた目標・工程を管理するような管理」のイメージでしょうか。これは、いわゆるトップダウンと呼ばれている組織で、クルト・レヴィンの Authoritarian のリーダーシップ形式です。戦後にこの組織形態をとる会社が多く現れたので、組織というとこの Authoritarian をイメージしてしまうのだと思います。

先に書いたように組織形態は様々あり、私の組織設計の元にしているのは、Democratic のリーダーシップ形式ですので Authoritarian とは大きくイメージが異なります。この組織形態でのリーダーシップは逆三角形をイメージすると良いのです。社長が一番下で、新入社員が一番上に位置しています。

その「逆三角形」とはどのようなことですか？

逆三角形の組織のイメージは次の通りです。

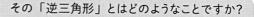

上司が指示・命令をして部下を動かすのではなく、
部下が環境によって自発的に動く。

部下が活躍できるステージ（環境）を作る。

環境で漏れている部分、
部下が対応不可能な部分
のみ上司が動く。

Democratic の組織を導入するからと言って、社長がただ、部下に任せるという考えではダメだということですね。

おっしゃる通りです。社員の自主性を求めて、仕組みをつくらないまま「部下を尊重するんだ」とか「これからはボトムアップで行こう！」などといきなりやってしまうんです。それで失敗したら「やっぱり俺が仕切らないと無理だな！」といって元に戻すということを繰り返してしまうのはよくある失敗パターンです。これを繰り返してしまうと更に強いAuthoritarianになってしまい、独裁者のような社長が生まれます。

そもそも、Authoritatianには指示命令で動く部下が必要なのであって、自主性は不要ですし、自主性を育てることはそもそもできません。社員に自発的に動いてもらいたいのであれば、組織形態をDemocraticに変更しなければならないのです。

ということは、社長が指示命令で人を動かすという考え方を改めて、社長の仕事は7つの仕組みを使って環境を作るという方向に意識を変えないと社員は動かないし、Democraticの組織は作れないということですね。

1-4　マズローの5段階欲求説との関係

私の設計した組織は、従業員の満足度と直結するようにしてあるんです。従業員の満足度はマズローの5段階の欲求説で考えると分かりやすいです。

中間先生、先にマズローの5段階の欲求説を簡単に教えてもらえますか？

人には5段階の欲求があり、その5段階の欲求の下の階層の欲求が満たされると、ひとつ上の階層の欲求が現れくるという考え方です。自発的に社員に行動したいと思うのなら、生存の欲求から承認の欲求まで満たしてあげないとならないということです。

マズローの5段階の欲求

生存の欲求
安全の欲求
社会的欲求
承認の欲求
自己実現の欲求

生存の欲求

生きるために必要な、食べ物、睡眠、性などの欲求です。社員の立場においては、給与がきちんと支払われる、家族に問題がない、通勤体力的に無理ではないといった欲求になります。これはその時だけの問題ではなく、数年後の給料が見えているかどうかもこの欲求に該当します。

安全の欲求

身の安全、不安からの解消などの欲求です。職場においては危険がないことも該当しますが、怒られずに働けるなど心理面での安全性もこの欲求に該当します。この安全の欲求は、低い段階に位置しているので、上司に怒られ続けると「明日、退職します」などのような急な退職につながります。

社会的欲求

人は人から必要とされたいと思っています。孤独の状態ではなく、周囲から温かく迎えられたいという欲求です。社員の立場においては、自分の存在意義がある、仲間外れにされない、いじめられないといった欲求です。職場の人間関係がよくないと、仕事の成果に意識がいかず、周りの反応が気になってしまい、よい仕事ができなくなります。

承認の欲求

自尊心、よい評判、地位や名誉などの欲求です。社員の立場においては、仕事の成果や努力を認めてもらいたいという欲求です。これは、給与ではなく、褒められたり、表彰されたりすることで満たされます。生存、安全、社会的欲求が満たされて初めて、仕事の成果に意識・視点が向くようになります。

自己実現の欲求

人は潜在的に自発的に動きたい、人に貢献したいと思っており、そのために自分の持っている能力を発揮したいという欲求があります。それを引き出すためには、指示を受けて動くのではなく、自分で考えて動けるという環境を整備する必要があります。ただ、経営者のように何もない状況でも考えて動けるのではなく、枠組みや仕組みなどの環境が整備された上で自ら動くという感覚・意識なので、社長の自発的とはニュアンスが異なります。

※マズローの5段階欲求の説明は組織論として分かりやすいように、若干の変更を加えています。

ところで、みのさん、新しい職場に転職して、ある時「ここの会社は給与を支払えない」という事実が発覚したらどうしますか?

もちろん、最短で辞職しますよ。だって、働いてもお給料がもらえないんじゃ、私も生きてけませんもの。

そうですよね。給料をもらえないで長く働きたいという人はいません。では、給料、心理的安全も、職場の仲も良いというマズローの下から3段階が満たされている状態で、仕事の評価だけ不満がある状態だとどのくらい我慢できますか?

そうですね、私は1年は我慢できますかねー?

それは結構長い方ですね。

そうなんですか?

アンケートをとってみると、入社してから6ヶ月で自己実現の欲求まで満たされなければ、会社を辞めるという人が多いんです。

えー?

そうなんです。社長は石の上にも3年とか言う社長は多いですが、いつでも転職できるこの時代では、そんなに待てないんです。

この認識のズレは大きいかもしれません。

そうですね。良い悪いではなく、世の中がそうなっているということです。ところでみのさん、マズローの5段階が全て満たされると、どのくらいその会社に居たいと思いますか?

満たされてるんだったら、ずーっとですかね?

そうですね。満たされていると、転職して満たされなくリスクをとりたくなくなるので、長く在籍します。

会社の退職率の問題ってこういうことですか?

はい。とてもシンプルです。この5段階の欲求が6ヶ月で満たされるか、満たされないかということです。

理論はとてもシンプルなのですね。でも具体的それぞれをどうやってみたしたら良いのかって難しいですね。

はい。そこで、私の組織設計が出てくるのです!
下記が、つながりを示す図です。

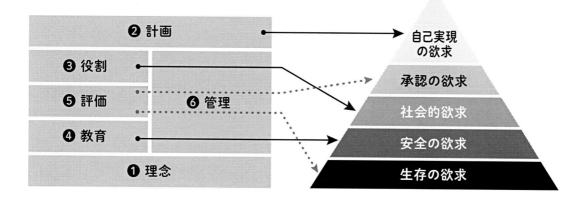

あ! 中間先生の組織をしっかりと理解して構築すれば、マズローの5段階の欲求も満たされるということでしょうか?

はい。ここが私の組織設計の大きな特徴で、「組織をきちんと運用すれば、個人の欲求も満たせる」設計にしてあるんです。

おおー!すごい。

さて、これから7つの仕組みを作っていきますよ!
右記のQRコードから
事業計画書作成クラウドをお申し込み下さい。
簡単に本書に沿って作成できるようになっています。

**右記のQRコードから
クラウドの申込みが行なえます。**

2 理念

2-1 理念とは、経営者の「誰かを喜ばせたい想い」

中間先生、理念は大事だという話はよく聞くのですが実を言うと、何をどう書いていいかわからなくて。それと、「私は、誰に何を提供しているんだろう?」と考えることがあるのですが、その答えが出ないんです。一体、理念ってなんなのでしょうか。

 そうなんですね。理念が明確になっていない会社も多くありますから、そうした悩みはみのさんだけじゃないですよ。例えば、自分の利益だけを考えている人と取引をしたいと思いますか?

もちろん、いいえです。

 そうですよね。相手のことをしっかり想ってくれる人と取引をしたいはずです。それって、伝わりませんか?

同じ商材を扱ってても、「この人からは買いたくない」ってありますよね。そんな気持ちのことでしょうか?

 そうです。商売している人が何を考えて商売をしているのかは、人に伝わるということです。

それはとてもよく分かります。
でもそれが理念と関係しているのですか?

 はい。商売とは商品を売ったり、サービスを提供することではないのです。それらを通じて「価値」を提供することにより、対価を得ているのです。

商品・サービスと価値は違うということですか？

違います。例えば、美容室を考えてみましょう。髪を切ってもらうために行くのではなく、綺麗になりたいとか、かわいいと言ってもらいたいとか、自分に自信を持ちたいなどの気持ちを満たすために行くものではありませんか？

言われてみればそうです。

もし、美容師が髪を切ることが仕事だと思っていれば、お客様の欲求は満たせないのです。価値を提供できていないということなんです。

美容師は髪を切ることが仕事ではないということですか？

はい。そうなんです。お客様が求めてる価値を察して、商品・サービスを通じて価値を提供することが仕事です。これが商品・サービスと価値の違いです。もう1つ例を挙げてみます。ハウスメーカーは家を売ることが商売ではないということです。家族と団らんできたり、寛げたり、楽しめたりするための空間を提供しているのです。

少しずつ分かってきました。

なので、目に見える商品やサービスより、もっと大事なものは、何を想ってその商品やサービスを提供しているかであって、それが価値なのです。

その価値が理念ということでしょうか？

その通りです。それを具体的にできなければ、その組織に属する人は単に商品を売ったり、サービスを提供したりすることしかできません。これではお客様は満足できないので会社は続かないという事です。

理念がなければ、その会社の存在価値もないとも言えるのですね。これほどまでに理念の影響力が大きいとは思ってもみませんでした。

理念を見れば、その会社が永続するのかしないのか分かります。
<u>理念とは、会社を支える大きな基盤</u>なのです。

「理念に至る経緯」を作成しよう!

理念に至る経緯

1、誰のためのサービス・会社ですか?

2、何を提供しますか?

3、それに至る経緯・社長の体験

2-2-1 誰のためのサービス・会社ですか？

では早速、理念を作成していきましょう。まずは「誰のためのサービス・会社ですか？」を考えます。

私の場合「文章を書きたい人」ではいけませんか？

それでは、広すぎます。例えば、イタリアンのお店を考えてみましょう。そのお店の理念を例として3種類上げてみます。「家族で楽しめる」、「カップルが恋に落ちる」、「地場の素材を地方から来る人に食べてもらいたい」としてみます。それぞれのお店のイメージは全然違いますよね。カップルが来るようなお店に家族は来ません。旅行客をターゲットにしたお店は地域の人にはあまり魅力がないかもしれません。

このように、ターゲットを絞らなければ「誰にも魅力のない店」になってしまうのです。みのさんの場合も、どのようなジャンル、ニーズなのか、思いっきり絞らなければなりません。

ターゲットを狭くすると売上が下がってしまわないのですか？

年商 6000 万円の中小企業を考えてみましょう。客単価 30,000 円、リピータ率 90%、リピート間隔は 1 ヶ月と仮定してみましょう。エステサロンのようなイメージですね。計算すると 1 ヶ月の売りげは 500 万円、そのうちリピーターの売上は 450 万円。なので、リピーター数は 150 人です。

そう考えるとすごく規模が小さいんですね。

そうなんです。なのでこのお店の経営者が考えなければならないことは、今日来てくれた 30 人がまた来月も来てくれることなんです。ちなみに、東京の場合、住宅街の 1 駅の半径 1Km 圏内の居住者はどのくらいか想像できますか？

いいえ、ぜんぜん想像できません。

もちろん地域にもよりますが、8000 人程度と考えてみましょう。8000 人のうちの 150 人がお客様になってくれれば、このお店は十分やっていけます。割合にするとわずか 1.9% 程度です。

……ちょっと分からなくなってきました。
そう考えるともっとターゲットを広くしたくなります。

そうですね。多くの経営者が大きな間違いを犯しやすいところです。今、前提としてリピーター率 90% としました。ここがポイントです。広告費を考えると新規客の利益はトントンかマイナスです。企業の利益はリピーターから得られます。そのため、リピーター率をいかに高めるかが利益を得る重要な考え方なんです。

これが、新規客 100% とすると、8000 人の住人がいたとしても、全員来店されることはありませんからね。10% としても 800 人なので、半年も経たないうちに食いつぶしてしまいます。利益の得られない新規客を集めて、半年で枯渇させてしまう。お店が 1 年持たないのも当然ですね。

それは、恐ろしい。
集客とは新規客を集めるものかと思ってました。

そうなんです。違うんです。ターゲットの割合が少なくても、一度来たお客様がまた来店することの方がよっぽど大事なんです。

よく分かりました。だから、思いっきり絞り込んで満足度を限りなく高めることが必要なんですね。

はい。なので、ターゲットを思いっきり絞り込んで、「特定の人だけが何度も来店する」事業にしなければなりません。そのために必要な絞り込みです。

2-2-2 何を提供しますか?

ターゲットをしっかり特定できたら、「何を提供するか」は必然的に見えてきませんか?

その通りです。ターゲットが絞り込めていないと、提供するサービスや商品も増やしてしまいます。いわゆる「何でも屋さん」ですね。先程もお伝えしたように、「何でも」提供していると、そのサービスの質は落ちてしまいます。「特定の人だけが何度も来店する」ことが大事なので、ターゲットを絞り込むことで必然的に「何を提供するか」がはっきりと見えてきます。

2-2-3　それに至る経緯・社長の体験

 なぜ、社長の経験を書き出さないといけないのでしょう？

 理念を掲げるだけでは、その深い意味が理解できません。社長が考え抜いた理念であっても、言葉にすると数行のシンプルなものになってしまいます。それを社員が読むと、その社員自身の経験の範囲でその言葉を理解しようとします。そのため、社長の想いが伝わらないのも当然なんです。

 例えば、社長と同じ専門職の人でも、社長の真意は伝わらないのですか？　同じ専門職なら似たような経験をしているから、理解できるような気もしますが……。

 社員の専門職における経験と、社長の仕事上での経験が完全一致するわけではないですよね。だから、どうしてその理念にたどり着いたのかを共有することが必要です。社長自身のストーリーが分かってから理念を読むと、全然違う理解に変わるんです。なので、社長の経験を知ることがとても大事です。

 理念が浸透しないという社長が多いのも、ここを伝えていないからなんですね。

 はい、そうです。それと、「なぜこの社長がこの事業をするのか」という理由付けにもなります。何の背景もなく事業を行うということは、「金儲け」が目的になってしまうからです。これでは、誰もその社長に協力しようと思いません。社長の経験を社員が理解することで、社長に初めて協力しようと思い始めるのです。

2-3 理念を作成しよう!

理念
_____

┌───┐
│   │
│   │
│   │
└───┘

理念の説明
┌───┐
│   │
│   │
│   │
│   │
│   │
│   │
│   │
└───┘

2-3-1 理念のまとめ方

 理念に至る経緯をしっかりとまとめられましたか?

はい。中間先生と話しているうちに、自分の事業に対する本当の想いがはっきりみえてきました。自分の深いところで祈りのように持ち続けている想いに触れると、感無量になるんですね。ほろっとしました。

 ここの 1 ページが事業の基盤です。ここが弱いと会社の事業も組織も弱くなります。強い会社を作るために最も大事なことは理念を作ることですので、時間をかけてでも強い想いがはっきりと見えるまで考えて作成してください。

この 1 ページでみなさんどのくらい時間をかけるのですか?

 通常は 2 週間ですが、数ヶ月かけてこの 1 ページを作る方もいます。

そんなに時間をかけるものなのですね。

弱い地盤の上に家を建てたいですか？　そんなことはありませんよね。大きな家を建てる時程、地盤を強化するはずです。少なくとも何十年と続く会社を経営する訳ですから、しっかりと固めないといけません。そのための数週間、数ヶ月であれば短いものだと私は考えます。

次にどうすれば良いでしょう？

 理念に至る経緯をもう一度読み返して、鍵となる言葉をピックアップしてください。それを 1 文にまとめたものを理念とします。

意外とシンプルな文になりました。

 それで構いません。しかし、競合他社と明確に差別化できているか、その理念がお客様、従業員、関係者の誰から見ても問題ないものになっているか確認してください。

2-3-2　理念の説明

 理念ができたら理念の説明を記述してください。

理念の説明は、社長の体験を基本に書けば良いのですね？

 はい、そうです。この文章はホームページやパンフレット、求人サイトにも掲載する基本的な文章になります。また、交流会などで会社紹介を行う場合も、まずはこの文章を読むようにしてください。ここがブレなければ会社も組織もブレることはありません。

ということは、度々、変更するものではないということですね。

 理念は基本的に変更できないと思ってください。時代によって意味が伝わらなければ言葉を修正する程度だと認識してください。家に例えると、家を建てた後に、基礎工事をやり直すようなものです。そんなことをしていては家は壊れてしまいますね。

 採用も理念に共感する人を集めるようにします。そのため、理念が変わってしまえば、大量退職してもおかしくない状況になります。絶対に揺るがない信念を、理念と理念の説明に叩き込んでください。

【言葉の定義】

重要な言葉の意味を定義します

仕事とは	
会社とは	
売上とは	
お客様とは	
責任とは	
仲間とは	
目標とは	
目的とは	
経営者と従業員とは	
給与とは	

言葉の定義の作り方

> なぜ言葉の定義が必要なのですか？

 言葉というのは、人によって認識が違います。例えば「責任」という言葉 1 つをとっても、人に意味を聞いてみると全く違う答えが返ってきます。政治家であれば「責任をとる」というと、辞職するという意味かもしれませんね。社員ひとりひとりに「責任ってどういう意味だと思う？」と聞いてみると面白いですよ。

> そんなに、言葉の意味が違うものなんですね。
> つい、自分の認識している意味で解釈してしまいますね。

 そうなんです。言葉の意味が違っていれば、上司がいくら言葉で説明しようとしても伝わらないのは当然ですね。言葉の意味がそもそも違っているのですから。

> ライティングをするときに言葉の使い方に気をつけていますが、気の使い方が異なると思いました。その言葉が何を指すかの共通認識を持ち、同じ認識の下で話し合う必要があるのですね。会社の中で使う言葉の定義とは、非常に大事なんですね。

 とても大事です。私の失敗例ですが、「人の笑顔が大事」という言葉使って何人かに話した時、数名は「他人の笑顔」を想像し、その他は「自分の笑顔」を想像していました。私は「他人の笑顔」という意味で話していたのですが、結局「自分の笑顔」で解釈した人は、私の意図とは全く正反対の意図として理解していました。もちろん最後に「分かりましたか？」と聞いたら全員「はい」と答えますが、逆に理解していた人もいると考えると恐ろしいことですね。

> 上司の言うことを正反対に理解したら、現場でも上司の意図と正反対の事を堂々としてしまうわけですね。

 この表には、会社で組織を作る上で大事な言葉を予め記述してあります。まずはそれぞれの意味を書いていきましょう。この言葉**全て理念とつながっている必要がある**ことに気をつけてください。理念をもっと噛み砕いたものが言葉の定義と考えても問題ありません。

> 言葉の意味が人によって変わらないように、理念をもっと噛み砕くようにして言葉の定義を作るのですね。

2-5 行動指針を作成しよう！

【行動指針】

タイトル

1	
2	
3	
4	
5	
6	
7	
8	
9	
10	
11	
12	

行動指針の作り方

> 行動指針はどのように作れば良いですか？

> 行動指針とは、上司がいないときに社員が自分で判断して行動できるための指標です。これも言葉の定義と同様に、理念に基づいて作ります。理念とは概念ですので、理念を実現するためにはどのような行動をするべきなのかを書いていきます。

うーん、ぱっと思いつきません。

今まで会社で起きた問題などを思い返してみてください。社員のとった問題行動などをまずはリストにしてみましょう。それぞれに対して、なぜそれらの行動が理念に反していたのかを考えましょう。そうすれば、必然的にどのような行動をするべきか、どのような行動をしてはならないのかが見えてきます。

まずは過去を思い出すところからですね。
あっ、思い出して少しイラっとしてきました (笑)。

(笑)。そういった行動を未然に防ぐのが行動指針です。

行動指針も変更してはならないのですか?

行動指針は、組織の成長度に合わせて変更しても構いません。

組織の成長に合わせるとは、どのようなことでしょう?

少人数だと発言しやすいですが、大人数の前では発言しにくいですよね。組織が大きくなって人が多く集まれば、必然的に問題行動（人と外れた行動）も少なくなるんです。人数が少ない時ほど、より具体的な行動指針を書かなくてはなりません。逆に組織が大きくなると、大雑把な行動指針になってくるはずです。

どのくらいの頻度で変更しても良いですか?

少人数（10 人以下）であれば、毎月変えても構いません。状況も常に変化するタイミングですから。30 人、50 人を超えると1 年に 1 回くらいにしないと逆に混乱が生まれてしまうと思います。

結構、頻繁に変えても良いと知って安心しました。まずは目先の問題を未然に防ぐことを考えて、理念を実現するための具体的な行動を書いていきたいと思います。

3 計画

3-1 どこに行くか分からない船に乗れますか?

 みのさん、どこに行くか分からない船に乗せられたらどんな気持ちになりますか?

いやー、それは不安でしかないですね。

 ですよね。そこにみのさんと同じような人が 10 人くらい乗せられてて、船長の指示だけに従うという状況だとしたら、どんな問題が起きるでしょう。

まずはみんなで船長にどこに行くのか聞きますね。

 その船長は「指示に従ってればいいんだ」と言います。

最悪な状況ですね。10 人の仲間の中でも、船長に従うグループとそうでないグループに分かれそうですね。

 どんな雰囲気でしょう?

まずは、意見の言い合いや喧嘩が起きそうです。その後に、話し合っても解決にならないことが分かって、自分のことしか考えなくなると思います。自分が生き残れるか必死になりますからね。

 そんな状況で、船長が「同じ船に乗ってるんだから協力しあえ」と言ったらどうでしょう。

むりですねー。人間関係は悪い状況だと思いますから、結局、自分のことだけ考えます。

これって、よくある中小企業の社内の雰囲気に似てませんか?

なるほど、経験あります。

こういった雰囲気を改善しようとして、コミュニケーション研修を取り入れたりするのですが、効果は一時的です。もうお分かりのように、船長がどこにいくのか決めてないことが最大の原因だからです。

様々な人間関係の問題は、船長がどこに行くか決めてないことが原因ということがあるのですか?

はい。理念の次に大きな大切なことですから。逆に言えば、きちんと計画を立てて、いつ、どこに、どのように到着するのか分かれば安心できますし、安心は組織の雰囲気を大幅に改善します。不安なままでは何をやっても無意味ですからね。

人間関係の原因が、リーダーが計画を作っていない事だったとは……。中にいると全くわからないものですね。

そうですね。なので、人の問題をその場しのぎで解決しようとしてはいけないのです。社長が目的地を決める。それまでの行程を明確にする。これが大事だということです。

3-2　ビジョンを作成しよう！

ビジョン（経営のゴール・5年後のイメージ）

計画はどのように作っていけばよいのでしょう？

 まず、理念と計画が紐付いていることを知っておいてください。理念で掲げた想いを実現するために、どんな会社が必要なのかを考えるのが計画です。計画なくして想いは実現しないと言いますよね。

理念に基づいた計画をつくるのが大事なんですね。

 はい、そうです。まずは、5年後の会社のイメージを考えて見てください。数字も入れるとより具体的になってきます。例えば、10店舗にする、従業員数を50人にする、地方展開をする、年間顧客数を何人にする、売上をいくらにするなどです。

目標は大きいほうが良いのですか？

 いいえ。よくある間違いが、具体的なプランも立てられないのに、売上100億円とか掲げてしまうことです。目標は大きければ良いというものではなく、現時点で確実に見えている5年後でなければなりません。

5年後を決めたらその通りにしなければならないのですか？

いいえ。この事業計画書は毎年作り直しますのでその都度変更しても構いません。5 年後のビジョンも毎年新たにその都度設定しなおすということです。年商 1000 万円の時は 5000 万円の目標、年商 3000 万円くらいのときは 1 億円の目標、年商 8000 万円なら 3 億円くらいが見える範囲ではないでしょうか。このように、売上が増えると次に目標とする数字も変わって来るものです。

なるほど、売上が増えたりすると、経営者の見える範囲が変わってくるということですね。

そうです。大きな目標を掲げるのではなく、現時点で見える範囲で確実なゴールを設定することが大事です。

こんな会社になったらいいなって感じでも良いのでしょうか？

ここでのビジョンとは、具体的なゴールを意味します。船に船員を集めて航海に行くときに「南の方に行く」と言って誰がついて来るでしょうか?誰もついてきませんよね。

5 年後にどのような会社にするのか具体的に分かるようなビジョンにしなければ意味がありません。社員も 5 年後に自分がどのような立ち位置になれるのか、会社と一緒に自分も成長できるのか、会社が大きくなることで自分の給料も上がるのかといったことが見えなければ、その会社に長くいようとは思いません。

「会社をやめます」「いや、もう少しいてくれないか」「いつまでいれば良いのですか?」」ということを繰り返すのは、遠くのビジョンが社員も社長も見えていないからです。しっかりと5年後のゴールを明確にして、社員も安心できるようにしなければならないということです。

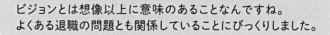ビジョンとは想像以上に意味のあることなんですね。よくある退職の問題とも関係していることにびっくりしました。

5ヵ年計画を作成しよう！

5ヵ年計画

部署

	年　　月	KGI（店舗数・顧客数・従業員数など）	売上	何をするのか

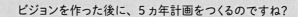

ビジョンを作った後に、5ヵ年計画をつくるのですね？

そうです。計画はゴールを設定してから
逆算して計画を作っていきます。

5ヵ年計画には何年ではなく「年月」
となっているのは何故ですか？

決算月を入れて欲しいからです。一番下の行は次の決算年月、
その一つ上はその1年後の決算年月を入れてください。

KGIとは何でしょう？

その年（決算日）に達成したい年間のゴールの事です。
ビジョンに紐づくように数字を入れてください。

KGIとは何の略ですか？

Key Goal Indicator です。ゴールを示す
目標数値だと考えていただいて構いません。

売上もKGIではないのですか？

はい、最も大事なKGIなので別の列にしています。

「何をするのか」の欄には何を書けば良いのでしょう？

その年のKGIを達成するために
やらなければならないことを書きます。

分かりました。でも作ってみたもののビジョンが
達成できそうにない気がしてきました。

その場合は、ビジョンに一旦戻ってビジョンを変えても構いません。

なんか二度手間のように思うのですが、逆算では
なく積み上げで考えてはならないのですか?

それでは発想が乏しくなってしまいます。ビジョンを掲げたらそ
れをなんとか達成したいという気持ちで5ヵ年計画を考えて欲し
いのです。そう考えることで、既存の知識や習慣の枠組みでは
ダメなんだと気づきます。そこが大事なことなんです。船を漕い
でいたらいつのまにか、ハワイに到達した……とかありえません
よね。ハワイに船でいくとしたらきちんと準備をして、計画を逆
算して考えるはずです。会社も同様ということです。

「いまできること」にとらわれてはダメだということでしょうか。

はい、そうです。成長は直線的にはなりません。いくつかのステッ
プを踏んで成長していくものです。年間単位でどのようなステッ
プを踏んでビジョンに到達するのかを考えて欲しいのです。

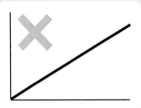 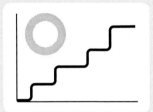

これはしっかり考えなければならないのですね……。

考え抜いて下さい。十分に考え抜かれた計画は
実現の可能性が高まります。

はい。頑張ります。ところで5ヵ年計画は
部署単位で作るのですか?

基本的に業種が異なるような部署の場合だけ分けて記入してく
ださい。1枚にまとめても構いません。

3-4　年間計画を作成しよう！

年間計画

期間（決算月を基準）

部署

KGI（この年のミッション）5ヵ年計画から引用する

戦略（どのようにKGIを達成するのかの概略）

月	KPI	行動計画	売上	実績メモ

5ヵ年計画を作成した後は、年間計画ですね！
年間計画は5年分作るのですか!?

いいえ。事業計画書は毎年作るので、1年単位で年間計画は
作ります。最初なので、次の決算月までの計画を考えて行きま
しょう。

ということは、期間のところは、来月〜次の
決算月を書けば良いのですね。

はい、そうです。決算が3月で今日が2020年12月の場合は、
「2020年12月〜2021年3月」と記入してください。

その場合、初年度は4ヶ月分の計画ということですね！
年間計画も部署毎に作るのですか？

はい、そうです。あっ、言い忘れてました。
ここは部長さんと一緒に考えて欲しいのです。

え!?　年間計画を部長が作れるものなのですか？

おそらく、初年度は無理だと思います。
しかし初年度の計画の立て方を参考にして、
翌年度からは部長さんが作れるようになります。

できるようになるものでしょうか？

はい、できるようになります。部長は社長より現場に近いので、
より現実的な計画を作ることができるんです。

部署内とはいえ、経営者みたいなことをやるんですね。

そうですね。こういったことを社員にさせていくと、社員が経営
を考えるようになります。

嫌がる人はいませんか？

最初は嫌がりますね（笑）。でも、計画と行動が一致しはじめて、
部署を動かしているという実感が部長に生まれると、ものすごい
モチベーションに変わります。

それはすごい。

 凄い会社を作るための事業計画書です (^^)

 KGI（この年のミッション）は5ヵ年計画から引用するとして、戦略とは何ですか？

 5ヵ年計画で「何をするのか」を記載しましたよね。これをもっと落とし込んだ内容にします。

 なるほどです。この戦略を月毎に落とし込んで行くわけですね。

 その通りです。

 KPIとは何でしょう？

 KGIの元となる数値です。KGIを売上100万円とした場合、例えば　客単価：10,000円、客数：100人　とすると、この客単価と客数がKPIとなります。

 年間の売上目標を月に分割して、それを更に要素まで落とし込むわけですね。

 はい。そうすると必然的に、その月にしなければならないことが見えてくると思います。

 確かに見えてきます。それを行動計画に記入するのですね。

 その通りです。具体的にその部署で何をしなければならないか、さらにはっきりしてきましたね。

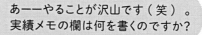 あーーやることが沢山です（笑）。実績メモの欄は何を書くのですか？

 これは事業計画書作成時には空欄にしておきます。毎月、この欄に結果を手書きで記入するための欄です。

 結果を書き込む用の欄ということですね。わかりました！

41

3-5 月間計画を作成しよう！
·····························

月間計画

氏名	年月	部署·役職名

KPI（全員の合計が月次のKPIと一致するように）

日付	曜日	日別行動計画（日別目標 KPI)	実績メモ
1日			
2日			
3日			
4日			
5日			
6日			
7日			
8日			
9日			
10日			
11日			
12日			
13日			
14日			
15日			
16日			
17日			
18日			
19日			

〜〜〜〜〜〜〜〜〜〜〜〜〜〜〜〜〜〜〜〜〜〜〜〜〜〜

29日			
30日			
31日			

月次報告

達成できたこと

改善点

報告事項

月間計画のフォーマットを見て青ざめました。
365日分作るのですか?しかも部署ではなく人単位になってる!

びっくりしましたよね。大丈夫ですよ。ここは空欄のままでOKです。

全部空欄ですか?

はい、そうです。これは、冊子にしたときに 12ヶ月分印刷されます（事業計画クラウドを利用した時）。この冊子は印刷して社員全員に配布しますので、各社員が自分で記入できる年間スケジュールのように使えるのです。

各社員が自分で手書きで記入するということですね。

そうです。自分で自分のスケジュールを記入することが大事です。

1 年分まとめて作るのですか？

 いいえ。まず、部長と社員にミーティングをしてもらいます。
部長は各月の KGI や行動計画が分かっていますので、それを
元に各社員にやってもらいたいことを 1 ヶ月分伝えます。

毎月、1 ヶ月毎に作成していくのですね。

 そうです。実績メモの欄にその日の結果などを記入します。月
末に月次報告の欄に記入すれば 1 ヶ月の計画と結果が分かる報
告書になります。

これを見ればその社員がどのように 1 ヶ月を
過ごしたのか一目瞭然ですね。

 社員自身の自己管理もできて、
そのまま報告書にもなるという仕組みです。

毎月計画して、それを実行するという習慣もできますね。

 はい。なんとなく 1 日を過ごすのではなく、1 ヶ月の目標に向かっ
て行動するという意識付けにもなります。また、その日にできな
かったとしても、1 ヶ月で KGI を達成すれば良いので、自己管
理能力も向上します。

計画が分かってきました。これもビジョン、5 ヵ年計画、年
間計画という大きな枠組みがあるからできることなんですね。
もしこれがなかったら、社員が自分で計画を考えることもでき
ない。だから、「頑張ります」とか「頑張りました」という、
上司が聞きたくないことを言ってしまうのですね。

 こういった部下と上司の不毛な会話の原因も、
計画という枠組みがないからという場合も多々有ります。

計画が、理念の次に大事な仕組みということがよく分かりました！

3-6 朝礼をしよう!

···················

朝礼基本アジェンダ

---

1) 準備
日直はこの用紙の記入欄に予め記入して準備しておきます

2) 日直挨拶
下記を元気の良い声で読み上げて下さい。
「おはようございます。これより朝礼を始めます。本日の日直は私＊＊です。宜しくお願いします。」

3) 今日の伝達事項
「本日の伝達事項をお伝えします」。連絡ノートを読んで概要を伝えて下さい。例：「＊＊＊の件ですが
業務が＊＊＊のように変更になりました。」

4) 月間目標の確認
今月の目標を毎日発表して下さい。目標との乖離などあればここでどの程度頑張る必要があるのか
明確に伝えて下さい。

5) 本日の目標
一人ひとり月間計画をみて当日の目標を発表して下さい。もし遅延などあれば調整して月間目標を
達成できるようにして下さい

6) 終わりのことば
今日一日が明るくなるような一言で締めくくります。

※朝礼は5分～10分で終わらせるようにして下さい。1人出勤の場合も同様に目視で確認など行って
下さい。

朝礼って理念の唱和とかでしょうか?

 いいえ、理念を唱和しても浸透しません。朝礼は計画の一部なのです。

え??

 月間計画を作成しても、その日することを覚えてられませんよね。なので、朝礼で思い出すのです。

そのための朝礼なのですか?

 そうです。朝礼はそれだけで十分です。

時間にしたらどのくらいでしょう?

 5～10分くらいで終わらせてください。

なるほど。月間計画がしっかりしていれば、朝礼であれこれ調整する必要がないのですね。

 そうなんです。朝礼に1時間とかかけているところは、月間計画ができていないからなんです。

時間の効率化にもなりますね

 その通りです。

4 役割

4-1 役割はモチベーション!

 みのさん、モチベーションって何だか分かりますか?

 「今日は頑張ろー!」っていうような気分でしょうか?

 全然違います。

 あれ、残念。でも、多くの人はそんな風に思っていませんか?

 そうですね。みのさんと同じように、多くの経営者が
モチベーションをテンションと勘違いしています。

 私の言っているのはテンションなんですか?

 そうです。例えば、部屋から社長が出ていくだけで、
緊張は下がりますよね。

 ハハハ(笑)。社員はほっとすると思います。

 上司が部下の気分を上げようとあれこれするということは、
上司は部下の気分に振り回されているのと同じです。

 うーん。そんな上司になりたくないし、
そんな上司かっこ悪いですね。

「頑張ろー!」というのは気分ですからテンションです。人に気分を上げ下げされたらどうでしょう?疲れますよね。上司が毎日部下のテンションを気にして、上げ下げしていたら上司も疲れます。

もっと言えば、テンションは血流にも関係するので、単にテンションを上げたいだけであれば 100m 走ってくれば良いんですよ笑。気分がスッキリしますよ。部下や上司の気分を気にしたりする必要は全く無いですし、組織には直接関係しないと思っても良いくらいです。

気分は変わりやすいので、そこに意識を向ける必要がないということですね。では、モチベーションって何ですか?

モチベーションとは、動機のことです。何かをしなければならないと決心するような感じです。

急に芯のある感じになってきました。

はい。モチベーションとは
毎日変わったりするものではありません。

まだよく理解できないかなぁ。

とても身近なところでいえば、例えばペットを飼う時決心しませんか?「この子を家族に迎えよう」とか「しっかり毎日散歩してあげよう」とか、心に決めますよね。

そうですね。ペットを飼う時は何かしら決心が必要だし、その後も「お世話にしなきゃ」という責任感と行動も伴いますね。

モチベーションの管理とは、どのような決心を部下にさせるのかということなんです。

決心をさせることによって、責任感と行動が伴ってくるのですね。仕事においてはどうすれば良いのでしょう?

役割を与えるのです。

……。

あっ！ その役割を全うしようと自分で決心するということですね！

そうです。また、人は「必要とされたい」と思っているのです。逆に「私は必要とされていない」という感覚は、その人の心を暗くします。

そのため、上司は部下に話しかけて、部下のことを知ろうとします。上司が役割を与えようと思えば、部下のことをしっかりと知らなければなりません。何が得意で何が不得意なのか。また、どんな仕事を任せようと考えながらコミュニケーションをとるはずです。これが「あなたを必要としている」という強いメッセージになるのです。

「必要とされる」っていうことが大事だということは私も実感できます。

役割を与える時が、最も重要で「あなたはこんなことが得意だから、この仕事を任せたい」ということをきちんと言葉に出して伝えて役割を与えなければなりません。

そんな風に言われれば、断ることもできませんし、嬉しく感じる気がします。そして、「やろう」という決心ができます。

これこそモチベーションです。テンションとは全く異なります。

わかりました！ 決心はそんなにブレるものではない。だからきちんと役割を与えることでブレないモチベーションを与えることができるということですね。テンションとの違いもはっきり分かりました！

モチベーションのコントロールは、役割で行うということを知っていれば、ブレないリーダーになることができます。それでは、具体的な役割を作っていきましょう。

4-2 部署の一覧を作成しよう！

部署

部署一覧表

id	部署名	部長	部署の仕事内容

 役割を決める前に部署をもう一度見直しましょう。

中間先生、部署と役割の違いがわかりません！

 店舗系の業種であれば、1つの店舗を部署としてください。
店舗でない場合は、職種毎に部署を作ります。

人数が少ない場合にはどのようにすれば良いですか？

 まず5年後を考えて必要な部署をリストにします。
人数が少ないうちは兼務すると考えてください。

4-3 役割の一覧を作成しよう!

役割

部署（部署ごとに役割を決める場合は部署名を記入）

役割一覧表

役職名	役割の内容	担当者名

役割を決める上でとっても大事な考え方があります。

 なんでしょう?

 「役割に人を付ける」ということです。

 どういうことでしょうか?

 失敗している経営者の多くは
「人に仕事を与える」と考えています。

 それって普通なのではないでしょうか?

 違うんです。人に仕事を与えると考えてしまうと、社長のお願いを素直に聞いてくれる人に仕事が偏ります。

 あっ、そんな人いますね。断れなくて仕事を抱えすぎてテンパってしまうんですよね。

 そうです。どうしても、仕事に公平感が生まれませんし、もっと悪いことが起きます。

 それはなんでしょう?

 「お局さん」ができてしまいます。上には良い顔をして仕事を引き受けて、自分の仕事を他の人に振るといった、独裁者を作ってしまうんです。

 古い会社にしかいないものじゃないのですか?

 いいえ。会社の年数や年齢とか関係ないんです。そういった人ができてしまうと、お局さんがコントロールしはじめて、社長から実態が見えなくなります。実態が見えないので評価も適正にできません。なので、良い人から退職してしまうんです。

 役割の与え方に失敗したというより、考え方がそもそも間違っているということなんですね。

そうです。「役割に人を付ける」という感覚を経営者が持つことが大事です。また、人に仕事を与えていると、従業員から不公平感が出てきます。全体が見えないので、自分だけ不利な仕事を任されていると感じてしまうものなんです。

 自分しか見えてないと、他の人がちょっと休憩していたりするとイラっとしますね。

 ですね。人間関係もおかしくなってきます。会社にはやらなければならない業務があり、それを分担することが役割なんです。

 役割を作る時は、人を中心に考えるのではなく、業務から考えていかなければならないということですね。

 そうです。とても大事な事なんです。なので、役割名、役割の内容を先に作った後に、担当者名を割り振ってください。

 そうすると兼業する場合もあるということですね。

 そうです。例えば「代表取締役」というのも、1つの役割に過ぎないということです。人数が少ないうちは、社長も他の役割を兼業しなければならないと思います。

 人が増えた時はどうするのでしょう?

 兼業しているところから順に担当者を変更していきます。

 なんだか、システマティックな考え方なんですね。

 そうですね。あと、役職は「リーダー」の意味です。必ずしもその人がその仕事をしなければならない、というわけではありません。

  といいますと?

 その人がその役職について責任を持ちますが、何人か集めてリーダーとして采配しても良いということです。

小さなプロジェクトのようなものですね。

 4、5 人の会社だと面白いことがおきます。全員が何かしらの
リーダーで、リーダーの下のメンバーになりうるということです。

自分がリーダーになったり、メンバー
になったりするわけですね。

 そうです。この関係を作ると、人間関係にも大きく影響します。
自分がリーダーになって仕事を割り振らなければならない場面
もでますので、日頃の言動にも気をつけるようになります。

いつも下の立場だと上司の悪口を言ったりしますが、自分が
上の立場にもなり得るので気をつけ始めるということですね。

 そうです。環境が人の行動を変えるという
分かりやすい実例です。

4-4　辞令を交付しよう！

辞令交付日

辞令

【氏名】	
【役職名】	
【期間】	
【仕事の内容】	
【実行承認】	
【上司氏名】	

辞令交付日より前に交付された辞令は、上記「期間」の開始をもって全て無効となります。それまでに引き継ぎなどをお願いします。

以上

 役割を決めたら、辞令を作成して辞令の交付式を行います。

なんですか？　その仰々しい式典は（笑）。辞令の交付なんて、大企業が役員にするものかと思っていました。

 小さな会社でも必要なんです。モチベーションとも直結するので、大事なんです。

そういえば、役割の冒頭で「役割はモチベーション」とおっしゃってましたね。

 そうです。役割で社員のモチベーションをコントロールできるとお伝えしました。

決心させるということでしたね。

 そうです。なので、辞令の交付式を全員の前で行って、辞令を受け取ることで決心させるのです。

 辞令式ってそういう意味があったのですね。でも、辞令を交付したりすると嫌がる人はいませんか？

 社長のみなさんは、辞令式で受け取ってもらえないんじゃないかと不安に思いがちですが、99％大丈夫です。

 ……ということは、1％くらい受け取ってもらえないこともありますか？

 はい。でもそういった社員はすぐ辞めます。

 それでいいのでしょうか？

 問題ありません。

 他の 99％はどんな感じなのでしょうか？

 ほとんどの方は喜んで受け取ります。中には涙を流しながら喜んで受け取る社員もいます。

 えぇ??

 人は、他の人から必要とされているということが本当に嬉しいことなのです。

 そんな、感動の辞令式もあるんですね。

 私も、そんな光景を見ると嬉しいです。

 辞令で何か気をつける点はありますか？

 役割を与える場合に決めなければならないことがあります。特に、責任と権限です。権限とは「権利の限度」なので、どの範囲まで裁量があるか、裁量を超えた場合にどうするかを決めておかなければなりません。

そこが曖昧だとどんな問題が起きますか？

 権限を権力と勘違いする人がでてきます。
自分の好き勝手にしはじめて会社を混乱させます。

 逆に言えば、辞令にはそんなパワーがあるんですね。

 辞令はものすごく強いモチベーションです。なので、しっかり権限を明確にしてコントロールしなければなりません。

 分かりました。期間はどのくらいが目安ですか？

 短くて 3 ヶ月、長くても 1 年にしてください。

 永遠としてはダメですか？

 ダメです。それでは、人に仕事を与えるのと同じになってしまいます。また、苦手な仕事でも終わりが見えていれば頑張れるものです。

 あっ、そうか。いまやらなければならない仕事が嫌だなと思っても終わりがあれば、そこまでは頑張ろうと思えるし、違う役割に変えてほしいということも言えるのですね。

 そのとおりです。人に仕事を与えてしまっては、その会社にいるか、辞めるかの 2 択しかなくなってしまうのです。

 そっか、「役割に人を付ける」というのが
多くのメリットがあることがわかりました。

 最後に、辞令を渡すときに、「なぜ、あなたに依頼したいのか」を社長からしっかり話してください。社員自身がその仕事をする理由を理解すれば、仕事にも打ち込むことができますし、社長からの「あなたがこの会社に必要なんです！」という強いメッセージにもなります。

 なるほど！ 感動する理由もちょっとずつ分かってきました。

5 採用・教育

5-1　採用と教育はロイヤリティー

 みのさん、会社へのロイヤリティー（忠誠心）は、どうやって生まれるかわかりますか？

会社の規模とか、社長の肩書とか、社長のリーダーシップでしょうか？

 はい、違います。では、みのさん、「親」ってなんでしょう。

自分を生んでくれた人でしょうか……いや、違いますね。自分を育ててくれた人です。

 そうですね。自分を育ててくれた人にロイヤリティーが生まれるんです。

おぉ……。そうなんですね。

 社長が、会社にロイヤリティーを持ってもらいたいのならば、やるべきことは社員の育成なんです。

社員の親になるということでしょうか。

 そのくらいの気持ちをもって育成をしてもらいたい、と私は思っています。

そうすると、採用という考え方も変わってきますね。

中小企業の社長はよく「即戦力が欲しい」と言いますよね。これを裏返せば、「教育なんかしている暇はない」ということです。だから、社員も条件だけで入社してきます。入社してからも教育を行わないので、会社に対するロイヤリティーも生まれません。なので、もっと条件の良いところに転職してしまうのです。

では、採用も能力で判断してはいけないということでしょうか。

採用で大事なことは、理念に共感してもらえるか。これが最も大事です。しっかりと見抜かなければなりません。次に大事なのが、社長や教育担当が「この人を育てていきたいか」ということです。

時間をかけて教育することが、どうしても必要なんですね。

即戦力を雇ってもすぐ辞めてしまうと考えれば、時間をかけてでもロイヤリティーのある社員に長くいてもらうほうが、会社にとっても大きなメリットになるはずです。

知り合いで成長している会社は、確かに教育をしっかりしていると聞きます。

そうですね。教育体制を作ることが会社を成長させます。会社は人でできていますから、人が育てば会社も育ちます。

採用手順を作成しよう！

採用手順

手順名称	

No	実施項目	資料	押さえどころ・メモ
1			
2			
3			
4			
5			
6			
7			
8			
9			
10			
11			
12			

中小企業だと、面接したその場で
「採用！」ということも多いですよね。

 はい、よくあるダメなパターンです。

そうなんですね。どうすれば良いですか？

 まず、採用の通知まで4日間かけてください。

そんなにかけるのですか？

はい。これから時間とお金をかけて育成する人を採用するわけですから、簡単に選んではいけません。

 中小企業だと、早く採用しないと他に行ってしまうと不安になってしまいますよね。

 そこがダメなところです。他に行きたくないくらいの理由を作ってあげれば良い話です。

 そうか、力を入れるところを間違えているのですね。

 はい。まず、1日目は履歴書を持ってきてもらって、ひたすら応募者の話を聞くことです。2時間くらいかけてその人をよく知ってください。その時に、マズローの5段階の欲求説を思い出して、応募者がいままで働いていたところで、どの欲求が満たされなかったのかをしっかりと把握してください。

 この事業計画書は、マズローの5段階の欲求を満たせるように設計されていますから、この事業計画書を見せて「うちの会社では、このような体制になっていますので安心してください」と説明します。

 応募者にとっては、自分の話をしっかり聞いてくれる会社だという印象と、前職で満たされなかった欲求が満たされるんだ!という感動を持ってかえってもらいます。また、2回目の面談の日程も決めてください。

 なるほど。

 2日目は、会社の話をひたすらします。事業計画書を開いて、理念の説明に重点を置きながら事業計画書を全て説明します。応募者からの質問があればそれに回答してください。

 2日目の面談の最後に、次の日に実施する電話面談の時間を決めて、相手からかけてもらうようにします。

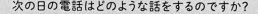 次の日の電話はどのような話をするのですか?

 次の日の電話では「昨日お話した理念についてどのように理解したか話をしてください」と質問します。この回答が理念と本当に合っていれば、次の面談の日程を決めます。

 前日に話したことなので、覚えてるのではないですか?

面白いもので全く覚えていない人もいます。そういった人は面接の受け方を練習してきただけで、社長の話を真面目に聞いていなかったということです。そういう人はこの時点で不採用にしてください。しどろもどろであっても、理念の説明が出来た人だけ、次の面談日程を決めます。

どのくらいの確率で通過するものですか？

2割くらいですかね。8割はここで落とします。

そんなに落とすんですね。

理念に共感できない人を採用するほどリスクなことはありません。もったいないと思わずスパッと落とすことが大事です。

3日目は何をするのですか？

3日目で初めて条件の話をします。勤務形態や給与について後から問題ないようにすり合わせをします。

ようやくいつもの面接という感じですね。

ここでも即決してはいけません。応募者の中から選考を行います。選考した人に郵送で採用通知を出して、電話で雇用契約の日程を決めてください。

雇用契約までの日を入れると4日ですね。

はい、そうです。雇用契約の日に、研修日程も決めてしまいます。

自分が入社してから、いつ、どのような教育をしてくれるのか明確になるのですね。

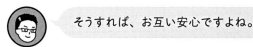そうすれば、お互い安心ですよね。

中小企業の採用のイメージが全然変わりました。会社も本気で採用するという決心が必要なんですね。

そうです。これで採用のリスクは大きく低減します。
上記の手順を基本として、採用手順を作成してください。

5-3 教育グレードを作成しよう!

教育グレード

部署	

教育グレード区分	

グレード名称	達成項目	達成日・評価

教育グレードとは、教育の進捗状態を明確にするものです。経営者からみれば教育のステップとも言えるでしょう。みのさん、仕事の出来ない人と仕事のできる人ではどちらが自己評価が高いか知っていますか?

え?もちろん仕事のできる人ですよね。

いえ、仕事の出来ない人の方が、総じて自己評価が高いのです。教育を受けたがらない人は満点と自己評価することもあります。

え??　ということは、仕事の出来ない人は、自分ではできていると思っているということですか?

そうです。なので、上司の言うことも聞かないし、アドバイスをしても受け入れません。

そうなのですね。叱ってもダメですか?

叱ったとしても、叱る上司が悪いと思ってしまい、全く効果はありません。それどころか、自分を理解できない会社なので退職します!と言って退職してしまいます。

なんと……。

自己評価が高い状態で、
教育を行うことはできないということです。

なるほど、聞く耳を持たないのですね。それで、自分の教育段階を明確にできる教育グレードが必要になってくるということですね。

その通りです。教育は職種ごとに異なりますので、基本的には部署単位で作成します。6段階で作ると分かりやすいです。下の2段を新人教育、次の2段を一般レベル、上の2段をリーダー教育と考えてみてください。

一気に全てを教えるということではないのですね。

そうです。ステップを作ってください。教育のステップを作ると、一番上までいくのに、数年はかかることが見えてきます。教育は、人の育成ですからじっくり行うことが大事です。

グレード名称は何ですか?

下から、新人（S1,S2）、ミドル（M1,M2）、リーダー（L1,L2）として下さい。

達成項目は「何ができるようになるか?」ですね?

その通りです。達成日・評価の列は空欄のままで構いません。

5-4 教育管理表を作成しよう！

教育管理表

部署	

教育名	

i:Inputの時間 o:Outputの時間

教育項目	i	o	詳細・教育マニュアル・担当・場所など	予定日	完了

 教育グレードを作ったら、それが達成できるように
教育の項目をリストにします。

社内教育を行おうと思ったら、教育マニュアルを
作るのが先ではありませんか？

 中小企業で教育マニュアルどころか、日常業務の
マニュアルを作成しているところはまずありません。

そうですね。

教育マニュアルの作成には非常に時間がかかりますし、中小企業にそれを作る余力はなかなかありません。

 たしかに、それが現実ですね。

 なので、まずは何を教えなければならないかのリストを作り、口頭でも良いのでそれに沿って漏れなく教える仕組みを作るのが先です。

 これなら、すぐ作れそうです。

 はい。これを作るのは実は現場の社員が良いのです。

 そうなんですね？　できるものでしょうか。

 社長から社員に、「新人を現場に入れるまでに、教えておいて欲しい項目を書き出してもらいたい」と言って、この白紙のテンプレートを渡します。そうすると、びっくりするくらい詳細なリストが出てきます。

 新人をいきなり現場に任せられて、教えながら自分も業務をしなければならないのが現実ですからね。そう言ってもらえると、新人が入ったときに楽になる！と思えるのでしょうね。

 そうですね。教育が終わってから現場に入れてほしいというのが、本音だと思いますよ。

 i(Input) と o(Output)　の列は何でしょう？

 「Input」とは教える時間を分単位で記入します。「Ouput」はそれを受講者がやってみる時間を分単位で書きます。

 これにはどういう意味があるのですか？

 新人教育を社員に任せると、口頭で説明して終わっているということが多々あります。新人さんに「わかりましたか？」と聞くと100%、「わかりました」と返答します。新人さんは先輩たちに嫌われたくないし、理解に時間がかかる人だと思われたくありませんからね。

先輩は、わかりましたと言われたものだから、それ以上の説明はしません。こうやって、よく理解できずに教育を終わらせていることが多いのです。

ですから、教える時間と受講者がその場でやってみる時間というのをきちんと確保して行うというのが意図なのです。

私も経験がありますが、しっかりと自分のやった結果を見て、その場で訂正やアドバイスをしながら教えてくれた上司には感謝していますし、安心して仕事もできました。

そうですね。教育の段階で、Input と Output をきちんと行うことが大事です。

詳細の欄には何を書くのですか?

一番はじめは空欄でも構いません。「口頭」という文字でも構いません。教育マニュアルなどが整備されてきたら、そのマニュアル名などを記入しておきます。

まずは、教育のリストを整備して運用を始めるのが最優先ということですね。

そうです。予定日と完了の欄は空欄にしておいてください。入社したらこの事業計画書を渡して、面接 4 日目の雇用契約を締結する際に、S1 の教育管理表の予定日を記入します。これで、いつ S1 の教育が終わるのかがわかります。

教育が完了したら、完了の欄にチェックするのですね?

そうです。必ず教育者が○を記入します。教育者のサインを書いても構いません。

5-5 教育完了テストを作成しよう！

教育完了テスト

評価者	
テスト実施日	年　　　月　　　日

チェック	テスト項目・評価方法	評価

Output でチェックしているのに、
さらにテストが必要なのですか？

 そうです。S1 の教育が終わったら、一連の業務が確認できる
ように最終テストを行います。

グレード毎の総合テストのようなものですね！

 そうです。このテストが合格して初めて教育グレードを与えられ
るというイメージです。

テストに合格しなかったらどうするのでしょう?

再度教育を行ってテストを何度でも受けさせてください。一度グレードを与えてしまうと、自分はできたものだと思ってしまうので再度教育をすることは困難だと思ってください。

それほど大事なテストなのですね。

はい。とても大事です。しっかりと教えて、できることを確認してから業務に入ってもらったほうが、先輩社員も喜びますし、新人本人も仕事がしやすいはずです。

甘さは優しさではないということですね!

その通りです。教育管理表と教育完了テストは一対で作成します。各教育グレード毎にこれが必要になります。

これは結構大変ですね。

ボリュームはありますが、社員と一緒につくると楽しいですよ。また、これを面接時に見せると「こんなにしっかり教育してくれるんですね」という反応があります。中小企業でしっかりと教育体制を作っている会社なんてほとんどありませんから、大きな入社理由になります。

教育が大変な中小企業にとって、大きなアドバンテージですね。

そうなんです。やることをやっている企業が生き残りますし、そういった企業に人は就職したいと感じます。

5-6 メンター制度を構築しよう！

メンター、メンティー一覧

メンターリーダーはこの用紙を印刷して進捗の管理を行なって下さい。

期間	

メンター氏名	メンティー氏名	メモ	完了

メンター制度ってなんですか？

 新人に対して不安なことを相談できる相手を専任でつける制度です。メンターが支える側の先輩、メンティーが新人です。

どんな人がメンターに向いているのでしょう？

 理念を理解して実践している人が必須です。その中でも、メンティーと性格の近い人が良いです。

性格が近い人がなぜ良いのですか？

 性格が違いすぎると、同じ日本語であっても使う言葉が違います。なので、伝えたいと思うことが伝わらない。気遣いも伝わらないということです。

不安な新人の言うことと、先輩の言うことが噛み合わないと意味がないですね。

 そうなんです。なので、性格を重視して選定してください。

途中でメンターを変えても良いのですか？

 変えても問題ありません。メンターの能力がないのではなく、合う合わないですから。

メンターはどのくらいサポートすれば良いのですか？

 教育グレードの S1、S2 が完了するところが目安です。不安の多い新人はその後もサポートしても構いません。メンティーがメンターに相談することがなくなればメンターの役割は完全に終了です。

5-7 メンター報告書の使い方!

メンター報告書

メンターはメンティーからの相談を受けた場合など、サポートをしたときに必ず代表者に報告を行なって下さい。また、全体ミーティングでサポート内容の発表を行って下さい。

日付	
メンター	
メンティー	
相談内容	
気付きを与える質問と回答	

メンター報告書はどのように使いますか?

メンターがメンティーをサポートする毎に、社長に提出するようにしてください。

なぜこれが必要なのでしょう?

きちんと会社の方針(事業計画書)に沿った対話ができているか、確認するためです。もし意図が違うメンタリングを行っていれば、すぐに社長が対応しなければなりません。

新人に間違ったことを伝えてると、影響が大きいですからね。

その通りです。

5-8 メンタリングのノウハウを蓄積しよう!

メンタリング・サポート例

部署	

よくあるつまづきポイント	気付きを与える質問の例	落とし所

 実は、メンティーからメンターへの質問は
結構ワンパターンなんです。

そうなんですね。不安に思ったり、わからないことは、
ほぼ一緒なんですね。

 なので、よくある質問と回答集のようにまとめておくと良いです。

これは、メンティーが先に見ても良いものなのでしょうか?

 大丈夫です。

5-9 コミュニケーションカードを使って信頼関係を構築!

コミュニケーションカード

Communication Card

(目的)
相手を知ることから信頼を構築します

(使い方)
1. 2人で10分程度の時間をとります
2. テーマを決めます
3. 5分ずつ話してカードにメモをします
4. ミーティングで感想とともに発表して下さい
5. 発表されたくないことは相手に伝えて
   カードには記載しないで下さい

（氏名　フルネーム）　　　　　　（日付）

（テーマ）

（聞いたこと）

 みのさん、信頼関係ってどのように構築すると思いますか?

 難しいですねー。信頼関係の要素はいろいろあると思うのですが、先輩の実績とかでしょうか?

 よくある失敗ですね。お医者さんで例えます。最新設備がばっちりで権威もある医者ですが、目も合わせず、いくつか質問だけして診断する人と、昔から自分のことをよく知ってくれていて、しっかり診てくれる医者では、どちらが信頼できますか?

 後者です。

 信頼とは、その人の実績とかではなく、自分のことをいかに知ってくれているかだと考えると良いです。

たしかに、私が信頼している人も、自分のことを良く知ってくれて、受け入れてくれている人ですね。

そうですよね。自分のことをわかってくれていると思えるから、その人の言うことに耳を傾けるし、アドバイスも聞くと思います。いくら実績があって、素晴らしいことを言っていたとしても、信頼がなければ「良いことを言ってるな、でも私のことではない」と感じてしまうものです。

では、社内の信頼関係って何なのでしょう?

実は同じなんです。お互いに、自分のことをわかってくれているという実感が信頼関係なんです。その方法として、コミュニケーションカードが活用できます。

これは、どのように使うのですか?

毎月テーマと、コミュニケーションカードを交わす人数を決めます。次回の全体ミーティングまでに、業務時間を使って目安として5分程度の質問をしあいます。相手の言うことをそのまま書き留めるのです。

これだけで信頼関係は作れるものでしょうか?

これをきっかけに相手に興味が生まれます。興味が湧けば、必然的に会話が生まれます。会話が生まれれば、お互いのことを知ることになり、信頼関係が作れるのです。

ほんとうですか?

本当です。実際、コンサルティングで社内の雰囲気が悪いところは、これを全員で1時間くらいかけて行う場合もあります。これをすると、何年も一緒にいる同僚なのに「あの人のことを知れて良かった」というような感想を持ってもらえます。簡単で、効果の高い仕組みなので、ぜひやってみてください。

社長と社員のコミュニケーションはどうなんでしょう?

これも良く聞かれる質問です。

社長は社員と飲みに行ったほうが良いのか、コミュニケーションはそもそもとらないほうが良いのか分からない社長も多いと思います。

「飲み会は多くして下さい。但し仕事の話をしないで下さい」と良く言っています。飲み会で仕事の話ばかり延々とされると、つまらないので給与も欲しくなりますよね。社員と飲む時は、社員のことをしっかり知る機会だと思って下さい。役割のところでお話したように、社員の得意なこと、不得意なこと、性格、家庭の状況などを知ることは社長にとって重要な事です。

最近では、プレイベートを話すことを嫌う傾向にありませんか？

みのさん、SNS が流行るのは何故だと思いますか？自分のことを知ってもらいたくて堪らないのが人間なんです。ただ、誰に話すかをしっかり選んでいるということなんです。話を聞く時に、否定しないとか、しっかり受け止めるとか、どんな話をしても大丈夫だという安心感は必要です。

話をしっかり聞いてくれる人には、更に話をしたくなります。

部下との飲み会で失敗している社長は多いです。余計なことを話して信頼を落としている場合は多いので、部下のことに興味を持ち、しっかり知る、それを楽しむということがとても大事です。

6 評価

6-1 評価は給料を決める仕組みではありません！

評価は給与を決める査定ではないのですか？

 いいえ、違います。評価は、社長が社員に対してどのような人に成長してもらいたいのかを明確にするものです。

教育でもテストをしますよね。それと評価は違うのですか？

 教育のテストやグレードは、何ができるようになったのか明確にするためのものです。評価は、仕事の結果であり、仕事を通してどんな人物になっているのか確認するものです。

教育は仕事の前に行うもので、評価は仕事の後に行うものと考えれば良いのですね。

 そうです。

でも、それは給与には関係しないのですか？

 「給与の目安」として関係してきます。

全く関係がないわけではないのですね。

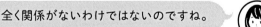 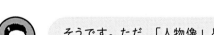

そうです。ただ、「人物像」ということを強くお伝えしたかったので、冒頭の言い方をしました。

なるほど。中間先生の組織づくりの仕組みは奥が深いですが、評価もまた奥が深そうですね。

 そうですね。評価は 3 方向から行います。1 つ目は同僚からの評価、2 つ目は自分自身、3 つ目は上司からの評価です。

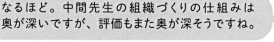

評価は、3つの仕組みから成り立っているのですね。

そうです。この内、給与目安と関係しているのは3つ目の上司評価だけです。

なぜですか?

給料とは、経営者から見れば利益の分配なんです。売上から給料の枠が決まります。これを超えて給与を支払っていると会社の経営が困難になります。この給料の枠を社員が納得いくように分配するのが本当のやり方です。

社員からしてみれば、自分がどれだけ働いたかが給与だと思いますよね。

そこに大きなギャップがあるのが実情です。

このギャップを埋めなければ、納得できる評価にはならないということですね。

その通りです。

6-2　同僚からの評価は「ありがとう」

（ルール）・毎月1名に感謝の言葉を書きます
　　　　　・「みなさんへ」のような複数人を対象としないで下さい
　　　　　・何をしてくれて嬉しかったのかなど具体的に記述して下さい
　　　　　・毎月発表することで、周りのスタッフが何をすれば喜ばれるのか知ることができます
　　　　　・毎月1名にしか書くことはできません

会社内で「ありがとう」が飛び交う職場って良くないですか?

 そりゃあもちろん、素敵な職場です。

 人はもともと誰かに貢献したいと思っているんです。その報酬は「ありがとう」で十分なんです。

 私も誰かに喜んでもらいたいという気持ちはあります。

 ただ、「自分がやったことが喜んでもらえたのか?」という実感がないと、貢献の嬉しさを感じられないんです。

 そうですね。ご飯を作って「おいしいね。ありがとう」と言われると、「ああ、よかった。喜んでもらえたんだ」と思いますね。

 「ありがとう」が飛び交えば、その職場は他の誰かを助けよう、協力しよう、貢献しようという空気になります。

 普通、言うものじゃないんですか?

 問題のある職場に言って個別に聞いてみると「はい。お礼はちゃんと言っています」と言います。でも、外部の人間から見ると全く不十分だなと感じるのです。

 本人は足りてないことを自覚していないのですね。

 なので、これを習慣化させるために、ありがとうカードを使います。

 どのように使うのですか?

 全体ミーティングの前までに、1人1枚のカードに感謝を伝えるメッセージを用意しておいてもらいます。そして、それを全体ミーティングで発表してもらいます。

 かなりシンプルなんですね。

はい。簡単なので誰でもできるはずです。問題のある職場にこれを導入すると、大反発が起きたこともあります。

へぇー、こんなにいい制度なのに、考えられないですね。

説得して導入しました。導入してから雰囲気は大きく変わりましたよ。いがみ合いが大きく減って、人間関係が向上しました。

ところで、1ヶ月に1枚しか書いてはならないのですか?

いくつかルールがあります。1ヶ月に1枚しか書けません。何枚でも書けるようにすると、気を使って書くということが起きてしまうからです。気を使って書くのは自分のためですからね。意味がありません。

「みなさんに」というように、誰かを特定しないのもNGです。受け取る人がいない感謝は、感謝ではありません。それと、代表者にも書くことはできません。他の人から見て、媚を売っているように見えるからです。

また、できるだけ内容は具体的に書いてもらいたいですね。どんなことをすれば喜ばれるのか、発表を聞いている他の人も知ることができます。

結構ルールがあるのですね。どうしても2人以上に書きたい場合はどうすれば良いですか?

その都度、「ありがとう」を言うようにしてください。

あっ! そういうことですね。「ありがとう」が飛び交う仕組みというのがよくわかりました!

6-3 評価ポイント一覧表と
評価ポイント管理表で自己評価

評価ポイント一覧表

項目	＋評価点	－評価点

評価ポイント管理表

コピーして使用して下さい。毎月期日までにポイント管理リーダーに提出して下さい。

氏名		対象月		月合計	

項目										＋評価			－評価		
1	2	3	4	5	6	7	8	9	10	11	12	13	14	15	16
17	18	19	20	21	22	23	24	25	26	27	28	29	30	31	計

項目										＋評価			－評価		
1	2	3	4	5	6	7	8	9	10	11	12	13	14	15	16
17	18	19	20	21	22	23	24	25	26	27	28	29	30	31	計

項目										＋評価			－評価		
1	2	3	4	5	6	7	8	9	10	11	12	13	14	15	16
17	18	19	20	21	22	23	24	25	26	27	28	29	30	31	計

次は、自己評価です。自己評価は自分自身で毎日評価する仕組みです。

 毎日なんですね。なぜですか?

 人は自分にとって都合の良いことだけ覚えて、悪いことは忘れるからです。

 ははは。心当たりあります。

 まずは、評価ポイント一覧表を社長が作ります。

 評価する項目をリストにするのですね?

 そうです。但し、基本的に数値化できるものでなければなりません。

 どうしてですか?

 自己評価というのは、第三者の目線で自分自身を評価するということなのです。

 主観で評価してはダメということなのですか?

 はい、そうです。

 例えば、どのような項目が良いのでしょう?

 営業系の職種では、「テレアポ100件」というような、数値で表せるものです。トイレ掃除をしたというのもOKです。やったかやってないかはっきりするからです。

 評価点はどうすれば良いのでしょう?

 基本的に良い項目は1、やってほしくない項目は-1とします。

 やってほしくない項目とはどのようなものでしょう?

 例えば、遅刻をするなどです。

分かりやすいですね。このリストをどのように使うのですか?

評価ポイント管理表を毎月 1 枚使って、数字が記載されている欄に、1 もしくは、-1 の評価点を記入します。

1〜31 の数字は日付ですね?

そうです。該当する日に数字を入れていきます。
月が終わったら「計」の欄に合計を記入して提出します。

この合計点を競ったりするのですか?

特に必要ありません。ただ、代表が誰がどの程度やっているのかを把握しておく必要があるだけです。

毎日の自己反省の方が大事ということですね。

その通りです。

6-4 ジョブグレードで求める人物像を明確にする

ジョブグレード

部署	

グレード	給与目安	昇進基準（人物像）

 いよいよ、上司からの評価制度を作ります。

 給与目安と連動するところですね。

 はい。実は教育グレードとも連動しているのです。

 なるほど。それはなぜですか？

 会社が教育を行わないで、ただその人を評価したとしたらどうでしょう？　良い評価だったら、自分だけの努力で得られた評価だと考えますよね。悪い評価だった場合は、会社は何もしてくれていないと不満が募るでしょう。

そうですね。それと、会社が給料を決めるだけの評価にしか感じません。

これでは良い組織になりません。悪い評価だったとしても、再教育を受けられる仕組みがあれば、不満どころか前向きにとらえることもできます。教育体制がしっかりしているからこそ、不満のない評価体制が作れるのです。

評価でモチベーションは上がらないのですか?

モチベーションの要素の1つではありますが、最もモチベーションが上がるのは役割をきちんと与えることです。

わかりました。ジョブグレードの表は、教育グレードと似ていますね。

連動しているので、同じような表にしています。
まずは、グレード欄に教育グレードと同じものを記入してください。

S1,S2……、という書き方ですね。

そうです。次に、昇進基準(人物像)をそれぞれ設定してください。教育グレードと照らし合わせながら、どんな人物になってもらいたいのか考えながら基準を作ってください。細かな基準はあとから作るので、大雑把なイメージで大丈夫です。

新人のS1であれば、「理念を理解して成長意欲がある」、リーダーのL1であれば、「部下に教育ができる」などでも良いのですか?

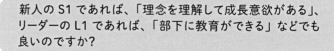

はい。大丈夫です。それができると、その人物が売上や仕事の処理量がイメージできると思います。そうなれば、必然的に給与目安が書けると思います。

営業系の場合は売上を基準、内勤などの場合は仕事量をイメージすると良いのですね。

それで大丈夫です。給与目安は、月給もしくは時給のどちらで書いても構いません。

6-5 グレードアップ評価表を作る

グレードアップ評価表

部署	

現在のグレード		アップ後のグレード	

評価点の記入方法	

項目	自己評価	上司評価	経営者評価

 次に、各グレードに対応するグレードアップ評価表を作成します。

S1 のときは、「現在のグレード」は空欄で構いませんか？

 はい。S1 のみ「現在のグレード」は空欄になります。

ということは、「アップ後のグレード」になるために必要な項目を考えれば良いのですね？

 はい、そうです。評価点の記入方法は「10 点満点で記入する」としてください。

自己評価、上司評価、経営者評価の欄は
どうすれば良いですか？

そこは、実際に評価を行う時に使用する欄ですので、
今は空欄で大丈夫です。

では、項目を考えていきます。この項目は教育
グレードを参考にすれば良いのでしょうか？

そうです。教育グレードと連動していますが、グレード評価は仕
事の後の評価なので、仕事に対する項目にしてください。

わかりました。これを、S1 から L2 までの 6 枚作るんですね。
これは実際に、どのように運用すれば良いのでしょうか？

まず年間の評価のタイミングを決めてください。年 1 回もしくは
2 回が良いと思います。各自のグレードにあった評価表をコピー
して配布し、自己評価を 10 点満点で記入してもらい、回収しま
す。部長に上司評価の欄に追記してもらい、社長が経営者評価
の欄に追記します。

次に、個人面談を行ってください。自己評価が低く、経営者評
価が高い場合には問題ないのですが、自己評価が高く、経営
者評価が低い場合に問題があります。面談で、その差が何か
を具体的に教えてあげてください。

その後、1ヶ月の猶予を設けて再度面談を行います。指摘され
ていた点が改善できていれば、経営者評価を変更してください。
全ての項目が 10 点になる必要はなく、個人の性格や特性を踏ま
えた上で、経営者がグレードを上げるか否かを最終判断します。

給与を決める評価ではなく、いかに成長させるかに重点を
置いた評価制度だということが良く分かりました。

6-6 グレードダウン通知書の運用方法

グレードダウン通知書

日付	
対象者	

グレードの変更

現在のグレード		ダウン後のグレード	

変更の理由

面談日時

上記のグレードダウンを検討しています。付きましては上記日時に面談を行います。よろしくお願いします。

グレードダウン決定時には下記に従業員のサインが必要です

日付：
本人サイン：

グレードアップがあれば、グレードダウンもあります。

給与が下がってしまうということですね。

一度グレードは上がったけど、出来ていた仕事ができなくなったり、想定していた人物像と外れてしまった場合は、グレードダウンをしなければなりません。

いきなり通知するのですか?

いいえ、きちんと手順を踏まなければなりません。まず社長がグレードダウン通知書に記入して、社員に渡します。面談日時を設定して、面談を行い、何がグレードダウンの要因なのかを説明します。そして、1ヶ月の猶予を与えて改善を促します。必要であれば、該当する教育項目の再教育を行ってください。

1ヶ月後に再度、面談を行い、改善されていればグレードは維持で構いません。改善されていなければ、本人の同意を得て、グレードダウンを実施します。

本人に改善の猶予を与えるので、納得できるということですね。

そうです。納得できることが大事です。納得できるということは、自分をしっかり見てくれているという感覚です。

給料に不満がある場合に「仕事量と見合っていない」と言われる場合もありますが、本心は違います。自分のやっている仕事量を知ってもらってないので、給料と見合ってないのではないかという不信感の表れです。

表面上の言葉だけで対応することの危険性を感じます。

入社順や年功序列に関係なく評価を行ってください。納得できる評価体制を構築すれば、グレードアップもグレードダウンも適正に行うことができ、組織全体が健全化します。

7 管理

7-1 管理とは状況を把握して、事業計画を見直すこと

これまでの仕組みをしっかりと運用できれば、
社員が自主的に動けると思いませんか?

本当に、そうですね。理念がしっかりと作られているので想いが共有できます。計画で 1 日単位まで行動を落とし込んでいるので、何をするべきなのかも明確です。

役割が明確ですから、どういった責任と権限が与えられているのかもわかり、動きやすいです。入社してからの教育、その後の成長を支える仕組みもありますから、安心できます。

仕事をした結果の評価もあるので、将来も見据えることができます。社長や管理職のやるべきことが、かなり少なくなっているように思えます。

そうですね。あとやるべきことは、連絡の仕組みをつくることと、報告を受けて会社の状況を把握できるようにするということです。そして、状況を把握しつつ、事業計画を毎月見直す必要があります。

ここまで作ってきて、社員の仕事と、経営者の
仕事の違いがはっきりと分かってきました。

はい。中小企業では、社長が経営をしているというより、誰よりも労働をしているというケースが多いのです。これでは会社は大きくもできませんし、そこで働く社員も面白くありません。事業計画をしっかり作ることは、会社を大きくするために必要不可欠なのです。

連絡ノート

受取人

発信者

氏名		日付	

タイトル

連絡内容

見たらサイン

連絡ノートは基本的に事業計画書の変更を伝えたり、
業務連絡に使ったりするフォーマットです。

今は IT の時代なのに、こんなフォーマットが
必要なのですか？

はい。LINE は情報が流れて見落としが多いですし、休日なのに LINE が届いて気になってゆっくり休めないとかデメリットもありませんか?

たしかに、そうですね。メールや LINE 以外にもいろいろなツールがあって、情報がまとまっていませんし。

 必ずしも IT だから効率が良いというわけでもないんです。

連絡ノートはどのように使うのでしょうか?

 部署単位に送って、必ず朝礼で読み上げてもらうようにします。

そういえば、朝礼のアジェンダに入っていましたね。

 朝礼で必ず読み上げて伝える仕組みがあれば、伝達漏れも防げます。

休みをとったり、シフト制の場合はどのように伝達するのですか?

 この連絡ノートはファイルにしておいてください。朝礼に参加していなくても、ファイルを見ることで情報漏れを防げます。そして、朝礼をみんなで行うことで集団の同意がとれます。

 その場で伝えるので、理解したかしていないかなど表情でわかりますよね。表情を読み取って捕捉できたりもします。伝達事項に対して同意を得られているので、しっかりと物事を進められるのです。

便利さよりも、しっかりと組織を動かすことに重点を置いているということですね。

 組織がしっかり運用できなければ、いくら便利なツールがあっても無意味ですからね。

7-3　稟議書

稟議書

氏名	年月日	部署·役職名

稟議概要

目的·理由

改善案·スケジュール·購入物などを記述

希望予算

商品名	単価	個数	金額

 みのさん、部下からの不平不満って嫌じゃないですか？

はい、やっぱり聞きたくないです。

 そうですよね。でも、部下からの提案はどうでしょう？

それなら嬉しいですね。

 稟議書とは、不平不満の文句を提案に変えるツールです。

なるほど! それは良いツールですね。

不平不満ではなく、改善案に変えて提出するようなフォーマットになっているのが稟議書です。

部下としても、不満を言えなくて悶々とするのではなく、きちんと伝えられるので気持ちもスッキリしそうです。

稟議書がでてきたら、すぐに YES/NO を返すことは上司の重要な仕事です。

せっかく考えて出したのに返答がなければ、それこそ不満になりますね。

そうです。YES の場合は素直に嬉しいので良いのですが、NO の場合はきちんと説明する必要があります。

NO の場合でも理由が分かれば納得できるかもしれません。

そうですね。まずは誠意をもって迅速に対応することが大事です。

どのくらいの頻度で出てくるものなのですか?

クライアントの中には 1 週間に 10 枚くらい受け取っている社長もいます。

そんなに!

もう、社員が経営しているような感覚ですよね。良いアイデアがどんどん社員から上がってくるんです。

社長だけで悩むというより、社員からのアイデアに対して決断をするという仕事に変わってますね。

そうなんです。会社はみんなで経営すれば良いのです。

まさに、自発的な組織ですね。

7-4 議 事 録

議事録

司会者名		書記名		日付	
従業員参加者					
場所					

会議名（全体ミーティングなど）

決議事項

メモ

会社代表者サイン	労働者代表サイン

計画のところで説明しましたが、毎月、最低1回は部署ミーティングを行います。ここで決まった結果は議事録にして社長に提出するようにします。

社員が自発的にミーティングをして、役割の範囲で権限をもって組織を動かすのですが、どのように動くのかを社長が把握できるようにしておくということですね。

その通りです。常に状況を把握しておかなければなりません。

議事録で気をつける点はありますか?

結論だけを書くようにしてください。誰がどのような発言をしたかは不要ですし、書くとデメリットがあります。

なぜですか?

記録として残ってしまいますので、
自由な発言ができなくなってしまいます。

確かに、「あの人だけ反対してたんだね」と
後で言われたくないですものね。

そうですね。ミーティングはしっかりと意見を言える雰囲気にしなくてはなりません。逆にミーティングで決まったことは、それにみんな従うということです。

同意というのは、総意とは違うのですね。

人が多ければそれだけ意見があります。全員の意見が一致することはまずありません。ですが、1つの方向に向かって進まないと会社は動きません。なので、同意をとるということが大事なんです。

7-5 報告書

報告書

部署	
対象月	
報告者	
行動結果(Do)	
数値結果(Check)	
改善結果(Action)	
次月の数値目標 (Plan)	
次月の行動要請 (Plan)	
報告・連絡・相談	

報告書は基本的に、全体ミーティングに提出するためのフォーマットです。部長、各役割毎に作成してもらいます。

複数の役割を兼任していると、それぞれ作成する必要がありますか?

はい、そのようにしてください。各部署、各役職毎の進捗が分かりやすくなります。進んでいなければ空欄だったりするので、ひと目で分かります。

なるほどです。

このフォーマットは、PDCA の流れになっています。

あっ、本当ですね。

Plan-Do-Check-Action はみなさんご存知かと思います。でも、PDCA は管理職が行うものだと思っている人が多いのです。

違うのですか？

PDCA は部下が自分で行うものなのです。ここで上司が介入すると自発性が失われますし、上司の仕事が増える一方になってしまいます。上司の仕事が増え続ける体制では、会社は大きくできないのです。

Check も Action も部下が行うのですか？

そうです。なので、責任と権限を移譲する必要があるのです。また、よく「俺が責任とるから、やれ」みたいな事を言う人がいますが、これは組織論から言えば最悪です。「お前は俺より下だ」、「お前には責任を与えられない」、「別にお前でなくても良い」というネガティブなメッセージになります。唯一、喜ぶのは責任感のない部下だけです。

部下の力量や性格をしっかり把握した上で、責任と権限を与えなければなりません。そうすることで、Check と Action も部下自身が行うようになるのです。「俺が責任をとるから」と言ったものなら、Check も Action も上司の仕事になりますね。これでは組織は大きくできません。

おお、なるほどです。計画通り行っていないかチェックして、その改善まで部下にさせるということですね。

その通りです。うまくいっていないかどうかは、現場が一番良く知っています。同時に改善策を見つけるのも現場なんです。

なるほど、権限は権利の限度としているので、それを超えるものはきちんと上司に相談もできますね。

はい。権限の範囲を先に決めておくことで、部下に判断を任せることができるのです。この運用に慣れてくると、部下が経営者顔負けの報告書を提出して、全体ミーティングで発表しますよ。

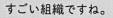
すごい組織ですね。

こういった組織を目指してもらいたいのです。

8 全体ミーティング

全体ミーティングで組織全体を運用する

 全体ミーティングとは、月1回全員が集まって行う
ミーティングです。

 全員が集まるって、大変そうですね。

 大変ですが、これを行わなければ組織運用を継続できません。

 それほど大事なのですね。

 発表の場を提供しなければ、報告書も出てこなくなりますし、
1ヶ月の区切りがなくダラダラした組織になってしまいます。

 全体ミーティングのルールはありますか?

 先に示したアジェンダの通りにしてください。
この事業計画書の全体を網羅している内容になっています。

 アジェンダを見ましたが、会社全体の状況が見渡せますね。

 はい。このミーティングに参加することで、会社全体の動き
も分かりますし、部長や各役職の責任の意識も高まります。
この全体ミーティングが会社を動かすエンジンになります。

全体ミーティング・運用概要

【参加者】

全員（社員・アルバイト含む）

【開催周期】

月1回

【時間】

90分〜120分

※終了時間を厳守する

【事前準備】

ミーティングリーダーは事前にチェックリストを使って準備を行います

【発表者】

発表内容を事前に書き、書類を司会まで渡して下さい。

【司会】

開催の数日前までにアジェンダを作成し、経営者に確認をとって下さい。

【書記】

司会者は書記を任命し、書記は議事録を作成、ミーティング後に各店舗などにFAXするなどして情報を共有して下さい。（欠席者への連絡の意味も含む）

【禁止事項】

全体ミーティングは決定事項を発表する場であり、意見を言い合って話し合う場ではありません。すべてミーティング前に事前に決定し、必要な承認を得た状態で会議で発表して下さい。

全体ミーティング・基本アジェンダ

【拍手の練習】
「これから、ミーティングを始めますが、その前に拍手の練習をしましょう。皆さんお立ち下さい。それでは精一杯拍手をしてミーティングを始めたいと思います」
（盛大に拍手）

【司会あいさつ】
「ご着席下さい。おはようございます！！！。これより＊月度の全体ミーティングを開催（かいさい）します。私達はチーム型の組織（そしき）で会社を運用しています。チーム型組織とはサッカーチームのようなイメージでゴールキーパー、フォワード、ディフェンスなどの役割（やくわり）を持ち、全員（ぜんいん）が連携（れんけい）して活躍（かつやく）することで成果（せいか）を出すという組織です。チーム型組織で大事なことは、誰かの指示によって動（うご）くのではなく、各自（かくじ）が自分の役割（やくわり）を認識（にんしき）して、自分で判断（はんだん）して行動することです。私達はお互いのスタッフの個性を尊重（そんちょう）し、できないことは助け合い、人の素晴らしいことは認め合い、全体で一つのチームとなっています。また、役割（やくわり）や個性（こせい）は違えど、理念（りねん）や行動指針（こうどうししん）に共感（きょうかん）して集まった仲間です。このミーティングは1ヵ月の仲間の活躍（かつやく）を社内、社外へ報告（ほうこく）すること、仲間を称賛（しょうさん）すること、目標（もくひょう）に対し行動要請（こうどうようせい）を行うことが目的です。それでは、各スタッフから、肩書（かたがき）と名前の自己紹介をお願いします。」

【スタッフあいさつ】
「これより、スタッフの自己紹介をお願いします。このミーティングを盛り上げるような一言もぜひお願いします」
「ミーティングリーダーの＊＊＊です。先月は、＊＊＊＊なことがありました。今月も頑張ります。宜しくお願いします。」
（続けて次の人が挨拶する）
（拍手）

【代表者挨拶】
「代表挨拶です。代表の＊＊さんお願いします」
（拍手）

【新人紹介】
「新人の紹介を致します。＊＊＊さんです。＊＊さんは・・・・といった方です。みなさんで気持ちよく迎い入れましょう。それでは＊＊さん自己紹介お願いします」
（拍手）

【外部見学者紹介】
「外部見学の方、一言自己紹介をお願いします」
（拍手）

【ありがとうカード発表】
「ありがとうカードの発表です。ありがとうカードは、スタッフ間の助け合いによる感謝を伝えるためのものです。どういった事が他のスタッフに喜ばれるのか知ることも大切です。それでは＊＊さんから発表をお願いします」
※発表者と受取者は起立する
（拍手）

【コミュニケーションカード発表・来月のテーマ発表】
「コミュニケーションカードの発表です。コミュニケーションとは、相手に質問して聴くということが大切です。コミュニケーションカードを通じて、プライベートや仕事について相手の意見を聞く練習を行っています。それでは＊＊さんから発表お願いします」

【コミュニケーションカードの来月のテーマ発表】

「来月のテーマは＊＊＊です。一人＊＊枚行って下さい」

【メンター報告書発表・メンターメンティーの変更発表】
「メンターメンティーの発表です。＊＊＊さんのメンター＊＊さん発表をお願いします」

【理念に基づく体験の発表】
「私達の理念は＊＊＊です。これに基づく体験について今月は＊＊＊さん、発表をお願いします」

【行動指針に基づく他のスタッフの体験の発表】
「皆さん、事業計画書の行動指針のページを開いて下さい。今月は＊＊さんより、行動指針に基づいた他のスタッフの行動を賞賛して頂きます。それでは、発表をお願いします」

【評価の発表】
「＊＊さん、ポイント評価の発表をお願いします」

【ポイント評価の表彰】
「代表の＊＊さん、ポイント評価の表彰をお願いします」

【表彰状の発表】
「代表の＊＊さん、表彰状の発表をお願いします」

【各部署・各店報告】
「これより各部署の報告を行います。スタッフのみなさんは、事業計画書の年間計画のページを開いて報告内容を実績メモの欄にメモをお願いします。また、報告する人は報告書を読むのではなく、良かったこと、改善点をしっかり伝わるよう話して下さい。」

【月間計画の確認】
「部長（店長）は、各スタッフの来月の月間計画が作成されているか確認をお願いします。もし作成されていない場合は完了する日の発表をお願いします。」

【リーダー報告】
例：「＊＊リーダーの＊＊さん、結果報告の概要と伝達をお願いします。報告書を読むのではなく、良かったこと、改善点をしっかり伝わるよう話して下さい。」

【人事発表、グレード評価の変更、組織変更事項の伝達】
「代表の＊＊さん、人事の変更、グレード評価の変更、組織の変更事項の発表お願いします」

【研修・議案のディスカッション】
本日の研修・ディスカッションのテーマは＊＊です。コンサルタントの＊＊さんよろしくお願いします。

【次回の案内】
「来月の全体ミーティングは＊月＊日＊時からです。よろしくお願いします。以上で＊＊度の全体ミーティングを終了します。ありがとうございました」
（拍手）

9 組織を運用する

事業計画書を社員が使いこなすようにする

事業計画書がやっとできあがりました。これをどう活用するのですか？

 事業計画書を印刷業者に冊子にしてもらって下さい。

何部くらい必要なのでしょう？

 経営者、社員全員、パートやアルバイトに加えて銀行などにも持っていけるよう予備を10部くらいお願いします。

そんなに印刷するのですね。

 社長が持っているだけでは意味がないですからね。

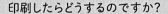

印刷したらどうするのですか？

 まる1日休業して頂き、社員やパート、アルバイトさんを全員集めて説明会を開きます。

え！そんなことをしたら1日分の売上も減るし、人件費も馬鹿にならないですね。

 それ以上の価値があるので、必ずお願いします。

この事業計画書をうまく説明できますかね？

正直、色々反発がある場合もあります。そこは私が入って細かく納得してもらいつつ進めるということをコンサルティングしています。

心配な経営者は、中間先生にここだけでもお願いしたほうが良いかもしれませんね。

そうですね。少人数でも反発があれば大変です。
心配な方は気軽に相談してもらえればと思います。

その後はどうするのですか?

毎月、部署ミーティングと全体ミーティングを開催してもらいます。

それだけで良いのですか?

仕組みとしてはこれで動きます。ただ、コミュニケーションの問題があったり、理念が浸透していない場合、社員が経営を理解できない場合は研修を入れなければなりません。

組織を動かすための教育も必要な場合があるということですね。どのくらいの期間で組織は変わっていくものでしょうか?

6ヶ月くらいで組織が変わり始めます。
1年半くらいかけて組織の入れ替えが完了します。

結構時間がかかるものですね。

人は直ぐに変われません。環境を変えることで
それに順応するまで待つ忍耐は必要です。

組織の改革には労力も時間もかかるのですね。

そうですね。でもこれを乗り越えれば強い組織になります。
強い組織は会社を安定成長させます。

その時だけでなく将来を考えろということですね。

その通りです。

あとがき

この事業計画をしっかり作ると 80〜150 ページくらいになります。

この事業計画書の冊子を社員が持ち歩いて出社することを想像してください。

社員が自発的に動き、社長が経営に専念できる組織になります。

事業計画書を作成することは、組織を作ることなのです。

計画なくして夢は実現できません。

大きな夢を実現するために、事業計画書をまずは完成させてください。

尚、弊社では事業計画書の講座や、組織づくりのコンサルティングを行っています。

きちんと確認して進めたい、人と話しながら進めたいという方はぜひご相談ください。

著者略歴

中間 優（なかま まさる）

2001年3月に24才でシステム開発会社を起業。10年で社員20人にしたが、組織が崩壊して事業を売却する。その後中小企業に適用できる独自の組織論を構築。ネイルサロンの事業に投資を行い、この組織論を適用して8店舗まで展開した。2017年4月からコンサルティング事業開始した。現在は、株式会社組織改革代表取締役を務め、組織論を元に業種問わず多くの会社に組織構築のコンサルティングを行っている。

国場 みの（こくば みの）

コピーライターとして、600人以上の経営者やアスリートなどの取材を行い、秘めた想いを言語化してきた。言葉を通して、社会を本気でよくしよう、貢献しようとする企業の力になることをミッションに活躍中。コトノハ合同会社代表。

社員5人からの 組織改革

2021年2月20日　第1刷発行
2021年3月10日　第2刷発行

著　　作　　中間 優・国場 みの

発　　行　　中間 優
　　　　　　株式会社組織改革
　　　　　　〒101-0032　東京都千代田区岩本町 3-3-1 木村ビル 3F
　　　　　　電話：03-5825-4410
　　　　　　https://soshiki-kaikaku.com

発　　売　　株式会社メディア・ケアプラス
　　　　　　〒140-0011　東京都品川区東大井 3-1-3-306
　　　　　　電話：03-6404-6087　FAX: 03-6404-6097

印刷・製本　　西岡総合印刷株式会社

ISBN978-4-908399-10-7　C2034